キューバと日本

—知られざる日系人の足跡—

彩流社

はしがき

近年、日本ではキューバが脚光を浴びています。テレビの旅行番組はこぞってキューバを取材し、美しいビーチやコロニアルな街並みを優雅に駆け抜けるクラシックカーなどは皆様もお馴染みのシーンです。キューバはまた、今では少ない社会主義の国として知られ、二〇一八年四月にはカストロが引退し、新国家元首が誕生したことも紙面を賑わせています。

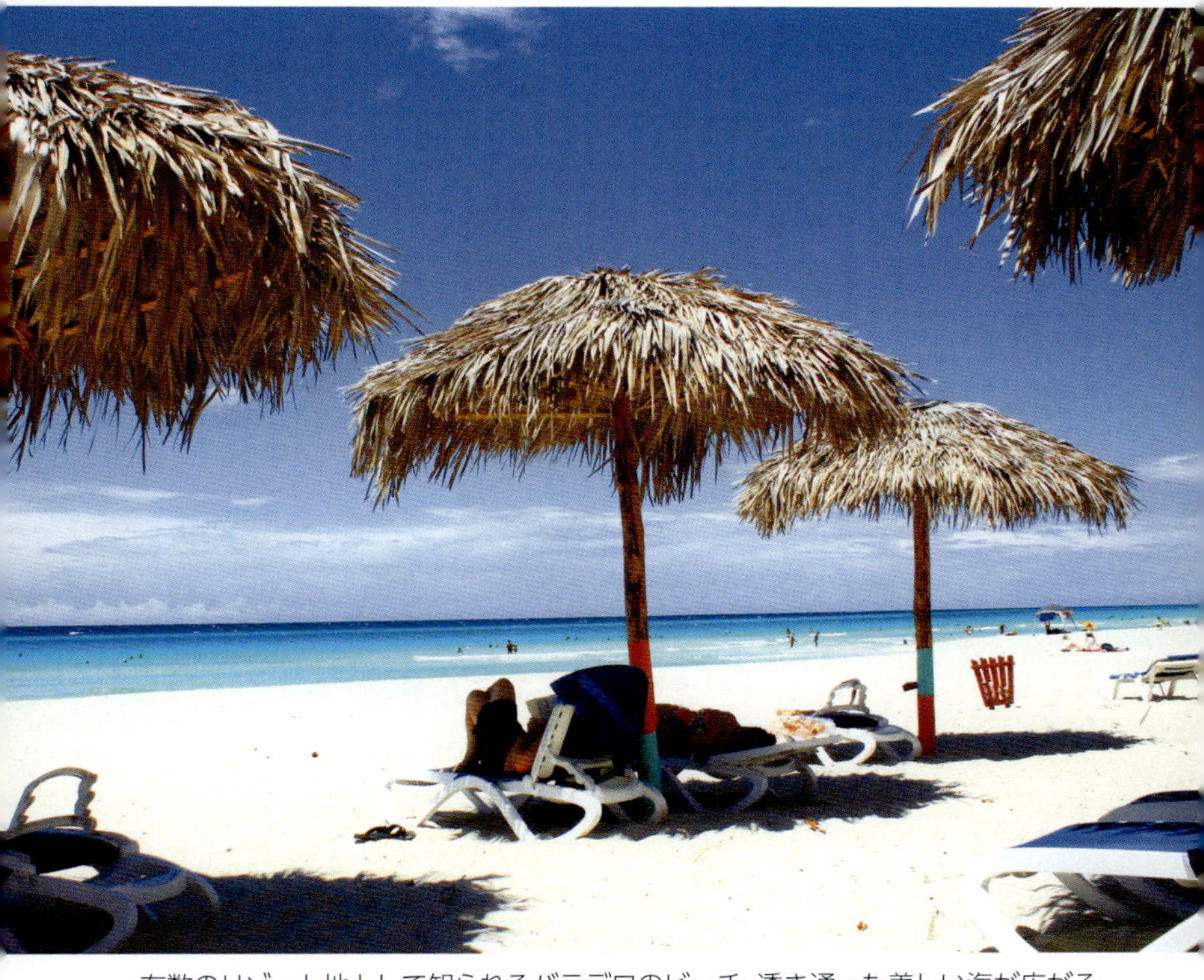

有数のリゾート地として知られるバラデロのビーチ。透き通った美しい海が広がる。

日本でキューバに対する注目度が上がることは、キューバに赴任し、両国の友好関係促進を任務の一つとする私たちにとっても喜ばしいことですが、キューバのイメージが紋切り型に終始してしまっているきらいがあるのではとの見方もあります。

日本とキューバはどちらも少子・高齢化社会であるとか、コメはキューバでも主食で、日本が長年協力を行っている分野である等、日本からキューバを眺める視点は、もっと多様であっ

キューバでは今もなお1950年代のアメリカ製クラシックカーが多く見られる。

て良いのではないでしょうか。忘れてならない視点の一つは、キューバにも、日本をルーツに持つ日系人が暮らしているということです。

キューバに大使として赴任するにあたり、キューバの日系人についても勉強しようと思ったのですが、すぐに困ってしまいました。世の中にキューバ本は数あれど、キューバの日系人についての書籍が見当たらなかったのです。ブラジルやアルゼンチンで、移住者が自らの移住史を日本語と現地語で書いて出版

ハバナ市街にはためくキューバ国旗。この国旗は、19世紀半ばにスペインからの独立闘争の旗印として考案されたもの。

しているのとは随分事情が異なります。私が本書の原著である『ゲバラの国の日本人』に偶々出会ったのは、赴任後随分時間が経った頃で、すでに絶版となっていることを知りました。時が流れ、世代が切り替わる中、このような日系人の貴重な記録が失われ、移住の歴史が忘れ去られるのは、あまりに残念なことだと感じました。

　折しも、本二〇一八年は日本人のキューバ移住一二〇周年です。記念すべき本年に、この貴重な日系人の記録を再出版し、

カストロを支え、キューバ革命を成功させたチェ・ゲバラは、没後50年以上が経った今も、キューバ市民に愛されている。

広く日本とキューバの読者や公共機関、そして日系社会の手元に残すことができないかと思い立ったのが、今回の再出版企画のはじまりです。キューバの元外交官夫妻である原著者のロランド・アルバレス氏及びマルタ・グスマン氏、当初の発行者である石川秀弘氏のご快諾の上で、編集者をしている友人の稲葉茂勝氏に企画を依頼。氏と木矢恵梨子さんにより再編集と資料を追加された再出版が実現に至りました。今回、貴重な書籍が末永く生き残る機会を新たに得た

キューバ島南岸の街トリニダーには、16世紀にスペイン植民地時代に建設され、貿易などで大きく栄えた当時の街並みが残る。

ことを喜ばしく思います。

さて、今から一二〇年前の一八九八年九月九日、汽船「オリザワ」号でハバナに日本人移民が初めて到着したのが、キューバ移住史の始まりです。その後、第二次世界大戦、キューバ革命など歴史の転換期を乗り越え、現在約一、二〇〇名と言われる日系人は、農業や商業、芸術等様々な分野でキューバ社会において活躍しています。そして昨二〇一七年、日系人の主導で、日本人キューバ移住一二〇周年実行委員会が発足、

キューバは、小学校と中学校が義務教育。大学までのすべての授業料が無料。小学校では制服も支給される。

日系人連絡会会長のフランシスコ・ミヤサカ氏が委員長に、青年の島日系人会会長のノボル・ミヤザワ氏と日系人連絡会副会長のフランシスカ・アラカワ氏が副委員長に就任しました。その他、キューバ政府、日本政府、日系企業等が実行委員会メンバーとなり、大使館は事務局を担わせて頂いております。

この実行委員会を中心に、文化行事をはじめ多数の事業が実施されているところで、それ以外にも様々なイベントの公式認定が行われています。（なお、

キューバの首都ハバナには、スペイン植民地時代の要塞がいくつか残っている。

来年二〇一九年は両国外交関係樹立九〇周年です。移住一二〇周年を機に深まった交流がますます進展することが期待されています。）

本書の再出版が、日本・キューバ両国民間の相互理解の促進に寄与し、日系人の歴史に光を当てるきっかけとなることを祈念し、はしがきとさせていただきます。

在キューバ大使　渡邉優《わたなべまさる》

1614年、仙台藩主伊達政宗の命を受け、日本からローマに赴く途中でハバナに立ち寄ったとされる支倉常長の像。2001年、日本からキューバに寄贈された。

キューバと日本

——知られざる日系人の足跡——

ロランド・アルバレス
マルタ・グスマン 共著

西崎素子 訳

彩流社

復刊に寄せて

カリブの真珠と称されるキューバ。国会議員としての私とキューバの縁は深く、一九九二年に同国を訪問して以来、日本とキューバの交流促進に邁進して参りました。二〇〇四年からは日・キューバ友好議員連盟の会長を務め、二〇一四年の日・キューバ交流四〇〇周年には私を団長とする訪問団がキューバを訪れました。また、二〇一六年のフィデル・カストロ元国家評議会議長ご逝去の際、私は日本政府を代表して葬儀に参列しました。

様々な往来、交流を通じて、近年両国の関係が大きく進展していることを嬉しく思います。同時に、私たちが忘れてはならないことは、キューバで暮らす日系人の方々により育まれてきた信頼関係や親日感情が土台にあることです。

キューバの日系人は現在、約一二〇〇人。様々な分野でご活躍されています。

日系人の存在は両国の交流の礎であり、こうした方々との連携を深めていくことは重要です。私自身、キューバを訪問した際には日系人慰霊堂にて献花し、日系人の方々から過去の経験、ご苦労を直接うかがう機会がありました。

これまでキューバの日系人が出版物で取り上げられた機会はほとんど無く、馴染みは薄いかもしれません。最初の移住者がキューバに到着して一二〇年目を迎える二〇一八年、キューバでは「日本人キューバ移住一二〇周年実行委員会」が組織され、数多くの記念事業が実施されています。私も移住一二〇周年に関する記念事業として、官民のミッションを結成し、二〇一八年一二月にキューバを訪問いたします。

本書の出版もこの事業の一つであり、同時に、キューバ日系移民を知る上で大変価値のある出版物でもあります。日本には各界に多くのキューバファンがいますが、その地で暮らす日系人について私たち日本人がもっとよく知ることも大切なことだと感じます。本書はそのために大きな役割を果たすことでしょう。

本書を通して浮かび上がる日系人の姿は、キューバの気候風土、国民性、革命の歴史と密接に結びついています。キューバを多面的にご理解頂く上でも、大変有益な一冊であると確信しております。

衆議院議員　日・キューバ友好議員連盟会長

古屋圭司

もくじ

キューバと日本

——知られざる日系人の足跡——

キューバ共和国

サンクティ・
スピリトゥス
シエゴ・デ・アビラ州
トゥリグアノ
シエゴ・デ
・アビラ
カマグエイ
カマグエイ州
ラス・トゥナス州
バネス
ラス・トゥナス
オルギン
オルギン州
コ
マヤリ
バヤモ
パルマ・ソリアノ
グアンタナモ州
マンサニージョ
グランマ州
サンティアゴ・
デ・クーバ
グアンタナモ
サンティアゴ・
デ・クーバ州
(旧オリエンテ州)

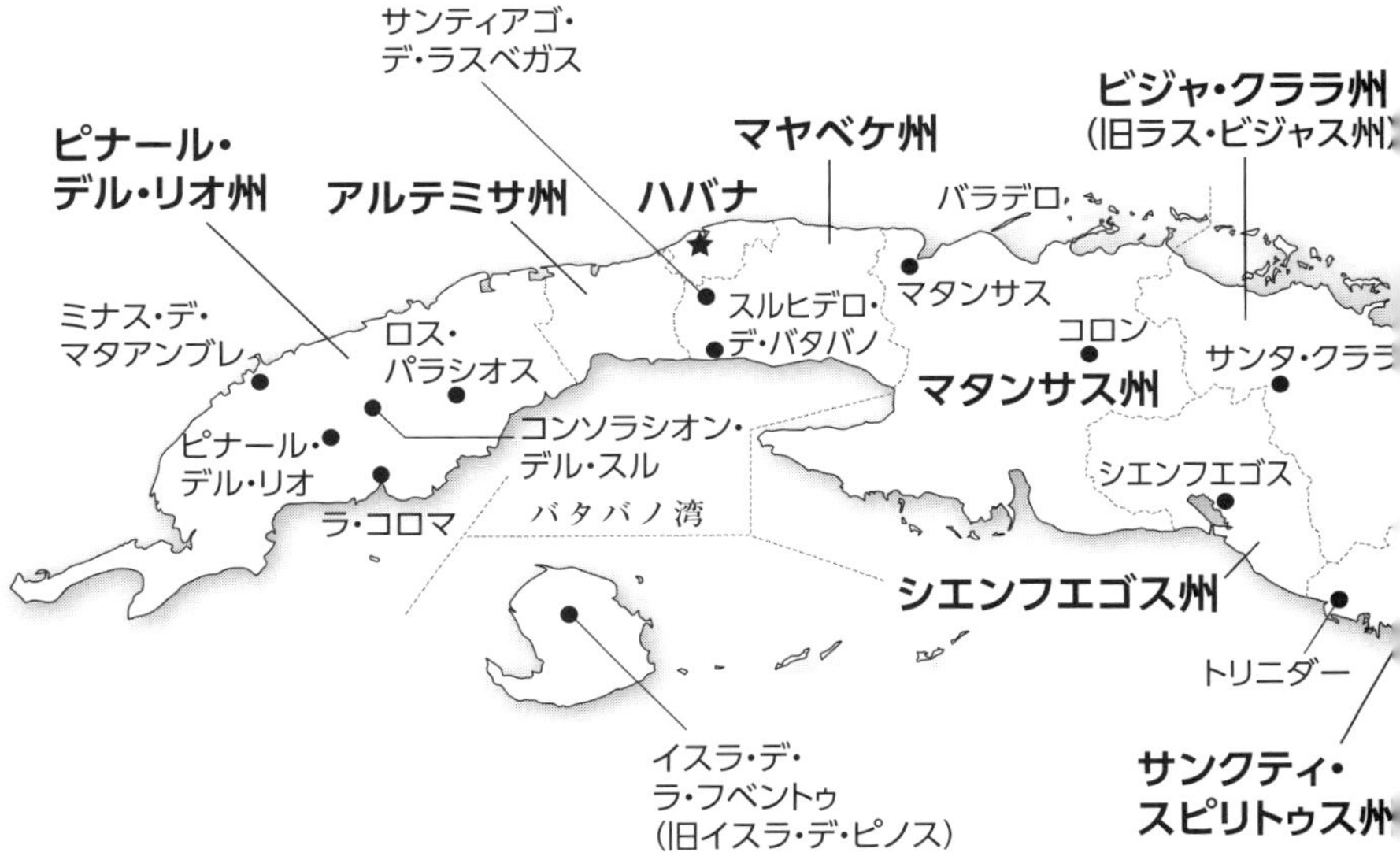
サンティアゴ・
デ・ラスベガス
ビジャ・クララ州
(旧ラス・ビジャス州)
マヤベケ州
ピナール・
デル・リオ州
アルテミサ州
ハバナ
バラデロ
マタンサス
スルヒデロ・
デ・バタバノ
ミナス・デ・
マタアンブレ
ロス・
パラシオス
コロン
サンタ・クララ
マタンサス州
コンソラシオン・
デル・スル
ピナール・
デル・リオ
ラ・コロマ
バタバノ湾
シエンフエゴス
シエンフエゴス州
トリニダー
イスラ・デ・
ラ・フベントゥ
(旧イスラ・デ・ピノス)
サンクティ・
スピリトゥス州

アメリカ合衆国
大西洋
メキシコ湾
ハバナ
ハイチ
キューバ
メキシコ
ベリーズ
ジャマイカ
ドミニカ
カリブ海
グアテマラ
ホンジュラス
エルサルバドル
ニカラグア
パナマ
コスタリカ
ベネズエラ
コロンビア

謝辞

キューバの日系社会の名士であるゴロウ・ナイトウ〔内藤五郎〕氏*に、深甚なる謝意を表したい。氏は広島県出身で、同地よりハバナに一九二八年三月二日に到着している。仕事を求めてキューバ島を西から東へと旅し、一日理髪師をしたかと思えば、数カ月のあいだ庭師として働き、何年か農業に従事して、イスラ・デ・ピノス日本人農業協同組合を設立した。一九六二年から一九六七年には、キューバ漁船団で技術コーディネーターとして働き、そのあいだ、日本人契約漁師らと親密な結びつきをもった。一九八九年には、国立植物園の日本庭園建設工事のコーディネーターを務めた。

氏は、『峠の文化史―キューバの日本人』〔倉部きよたか、一九八九年、PMC出版〕という本にも協力している。また、一九七〇年から一九九〇年まで、アンティル諸島最大の島〔キューバのこと、以下、単にキューバとする〕の日系人社会の代表の任にあり、現在に至るまで、キューバの民衆と日本の民衆とを結ぶ架け橋の手本となっている。

本書に紹介する、キューバにおける日本人の足跡の調査がぶじ完成をみたのも、氏が強力かつ積極的に協力してくださったおかげである。

〔　〕内は訳注。原文に敬称なきもの、敬称略。表記の判明した固有名詞については漢字を付記したものもある。

また、キューバの日系人コミュニティを現在主幹しているフランシスコ・ミヤサカ氏にも、感謝申し上げたい。氏が一貫したご厚意によりご尽力くださったことは、きわめて大きな力となった。

全日本人移民一世および数多くの日系の子孫の方々に、お話を聞かせていただいたり、激励をいただいたりしたことに、感謝申し上げる。

＊ この本のなかに出てくる日本人の姓名は、聞き取り調査や、その他参考資料にあらわれたものに即している。

序章

キューバにおける日本人について調査するという当企画をぶじ進めることができたのは、間違いなく、ゴロウ・ナイトウの話をうかがう栄に浴することができたおかげである。この日本人は若々しき九十二歳［刊行当時］で、七十三年間をキューバで過ごしており、高齢にもかかわらず明晰な頭脳を保って細部まで物事を記憶している。加えて、キューバ日本人会会長、フランシスコ・ミヤサカに継続して話を聞けたことも大きな力となった。彼は、一九九七年に実施されたキューバの日本人およびその子孫の人口調査の結果を、私たちが利用できるよう便宜をはかってくれた。

両人との会見によって得られたさまざまな情報や見解、助言、その他の批評から、私たちは次のような目標に向けて進むことになった。ひとつには、キューバにおける日本人の足跡の全体像を調査すること。これはコミュニティ全体としてはまだ研究がなされていないものであった。そしてふたつには、キューバの国と一体になっている移民のモザイクの一部である彼らの現時点での量的および質的意義の調査を、全国規模の文脈のなかで行ない、キューバ社会に対する彼らの貢献を明確にすることである。

調査で使用した方法は主に、文献調査と聞き取り調査である。日本人移民自身や最も近い子孫である二世に直接話をうかがったり、書かれたものを情報源としたりした。また、入手可能な専門研究書、キューバ国内外で発行された新聞雑誌の類も渉猟した。さらに、さまざまな機関にも取材している。これらについては、この本の末尾に参考資料として掲載している。

残念なことに、取材をはじめた時点で生存していた移民はわずか十一名で、しかも、高齢や慢性的な病気などのために、お話をうかがうことができたのは非常に少数であった。

移民やその子孫の皆さんが、最初の段階からこの計画に、たいへん熱心に協力してくれたことは特筆に価するだろう。そのおかげで、文書保管庫や図書館の書物の山のなかにはまずみられないような資料を、多くの日系人のご家族を通じて手に入

ゴロウ・ナイトウ、妻のルイサ・デ・ヘスス・ロペス・ペレス、息子のマリオ・ナイトウの写真。

れることができた。彼らからいただけたものは、数多くの証言や未公開写真、その他、日本人の父祖の生活や喜び、苦労と結びついているさまざまな資料である。

調査中、非常に心を動かされた経験もあった。マタンサス州のコロン市にあるホンマ―ナカムラ家に歓待を受けた午後、ルイス・ホンマの衝撃的な日記の存在を知り、実際にそれを目にし、読んだ時のことである。日記はイスラ・デ・ピノス［現在のイスラ・デ・ラ・フベントゥ］のモデロ監獄に強制収容されていた時（→第十二章）のもので、三年以上に渡る獄舎でのつらい経験が多々つづられていた。病気や死、栄養失調、家庭から無理やり連れ去られ、しかも残された家族らには何らの助けもない、そんな状況のなかで、三百五十名の日本人は生き延びた。団結と組織化と規律の文字通りの実践によって、それを可能にしたのである。彼らは日本が降伏した後も六カ月収監されていたが、それはどうしてだろうと生存者らに問うと、今日でも答えはみな同じ。「私たちには何の説明もなかった」であった。

矛盾するようではあるが、このような扱いを受けていながらも、収監を解かれた人たちは、キューバを第二の祖国と決めており、日本に戻った者はほとんどいなかった。

調査が進むにしたがい、日本人移民が結果として、定住した場所ではアフリカ系や中国系などの他の移民に比べてかなり小さな社会現象であったことが確認された。日本人移民の調査研究は、彼らが少数で分散しているという特徴から、非常に複雑なものとなっている。主要な定住地としては、イスラ・デ・ピノス、ハティボニコ［サンクティ・スピリトゥス州］、コンソラシオン・デル・スル［ピナール・デル・リオ州］などが挙げられる。

日本人移民のキューバ流入は、一九一〇年代から一九二〇年代に頂点を迎えたが、第二次世界大戦の勃発によって停止した。以後、大きな移民の流入はなくなり、ついに復活しないままとなっている。今日キューバに残っている日本人移民がごく少数でありかつ高齢なのは、このような理由による。

日本人移民は、キューバ経済のさまざまな分野に参画して貢献していることから、とりわけ、質的な意味があると思われる。農業や漁業、鉱業の分野で、その時代においてはかなり新しい技術や技能の導入者となっているのである。文化やスポーツの面でも同様である。いかなる時も彼らは、特有の組織性の強さや、根気強さ、仕事の質の高さを示している。

日本人移民の多くは、キューバで家庭をもとうと考えた。そのため、日本から結婚相手を連れて来たり、キューバ人女性と結婚したりした。今では千人を超える子孫が、かつてキューバの地にやって来て故国からはるかに遠くかつ異なった国にとけこもうと努力した先祖を、尊敬の目でみつめている。移民とは、習慣や気候、食生活の違いといった面から精神的な苦しみにさらされるものであり、祖父たちはこうしたつらい体験をくぐりぬけてきているのだ。

日本人読者、日系人読者は、この後に続くページを読むと批判をもたれるかもしれないが、それは歓迎すべきことである。私たちとしては、最大限注意深く厳格に調査を行ない、どんなに赤裸々な情報も排除することはしなかった。歴史とは、人間の男女がつくるものであり、客観的にありのままに歴史を知らしむることは、遵守されるべき原則である。

本書はいくつかの章に分かれているが、厳密な編年体ではなく調和をとったものである。これを著したことが、日本人の父祖たちについて、また彼らが生きてきた社会的背景について、より深く知られることに少しでも寄与できたとすれば、それこそが私たちの喜びである。

またキューバ人読者は、一移民集団の歴史を近しく感じることができることだろう。彼らは魅力的で興味深いだけでなく、時を経るなかでわが国の一部となっているのだ。

本書に協力していただいたすべての方々に感謝するとともに、フェルナンド・オルティス財団の総裁ミゲル・バルネット博士にも謝意をあらわしたい。博士は私たちにこのテーマの重要性を示し、そのおかげで素晴らしい経験を積むことができた。本書を博士に捧げる。

著者

第一章

キューバに来た最初の日本人

キューバと日本の直接交流の歴史は、一六一四年七月二十三日に遡る。その日ハバナに旅の途中で立ち寄ったのは、「風変わりなまばゆい衣装を身にまとった人目を引く一行で、彼らを率いていたのは支倉常長という、奥州の王、伊達政宗に仕える武士であった。支倉はスペイン王への親書とローマ法皇への親書を、セビージャ市に運んでいた」[1]。

その日ハバナの水路は、ガレオン船、サン・ファン・バウティスタ号を迎え入れた。この船は、一六一三年十月二十八日に石巻を出航し、一六一四年一月二十五日から、メキシコに予定外の長期逗留をしていた。

件の日本人使者は、微妙で複雑な指令を果たさねばならなかった。日本と「新大陸」とのあいだの通商関係を樹立すること、カトリックの宣教師が日本にやって来るよう促すこと——ちなみに当時の日本はカトリックとその敵対者とが激しく対立している時期であった——、メキシコの銀と仙台の金とを交換取引すること、といった指令であった。

支倉のこの滞在中の足跡に関してイストリアドール・デ・ラ・シウダード・デ・ラ・ハバナ「ハバナの語り部エウセビオ・レオンあるいは、その事務所のこと」およびアジアの家は特別な関心をもっており、ラファエル・ロペス・センラの研究もそこに発している。その論文「ハセクラ」はとりわけ斬新なものなので、私たちも本書の執筆にあたり参照した。支倉は一六一四年八月までハバナに逗留し、一六二二年八月七日、日本の地で亡くなっている。

支倉は、キューバを訪問した最初の日本人であるとみなされる。彼はその時、大きな責任を負っていたこともあり、約百五十人の「武士、船員、使用人」[2]を同行していた。しかし、日本からの移民がキューバにおいてはじまるには、十九世紀が終わる直前まで待たなければならなかった。日本人移民は、中国からのように多数ではなかったものの、キューバ島に定住を果たすことになった。

一九〇八年生まれのゴロウ・ナイトウは、キューバの日本人移民のなかで誰もが認める名士であるが、そのナイトウの話から私たちは、流通している、していないを問わず、どの参照文献にもいまだ記載されていない非常に興味深い事実を知ることができた。日本の和歌山県に生まれた植物学者、南方熊楠が、一八九一年に、キューバを来訪したというのだ。

支倉常長。キューバを訪れた最初の日本人。来訪日は1614年7月23日。

ナイトウによれば、南方熊楠は、キューバに四カ月間滞在した。キューバ滞在中の動向をさらに明らかにしてくれる情報は今のところ知られていないが、専門である植物に関しての調査を行なったことは間違いない。多くの外国人植物学者がそうであったように、熊楠も、ハバナ港に近いレグラやグアナバコアなどといったとりわけ興味を引かれる土地で、さまざまな植物の採集に熱中したことであろう。

上記についてナイトウは、さまざまな時期におけるキューバへの日本人移民について研究しているキヨタカ・クラベ［倉部きよたか］より確証を得ている。

日本人移民の第一号がキューバに到着したのは、一八九八年九月九日であった。この日、ハバナ港に到着した汽船オリンダ号は、メキシコのベラクルスとプログレソの港から、百九十四名の乗客を運んで来た。そのなかにパブロ・オスナがいた。

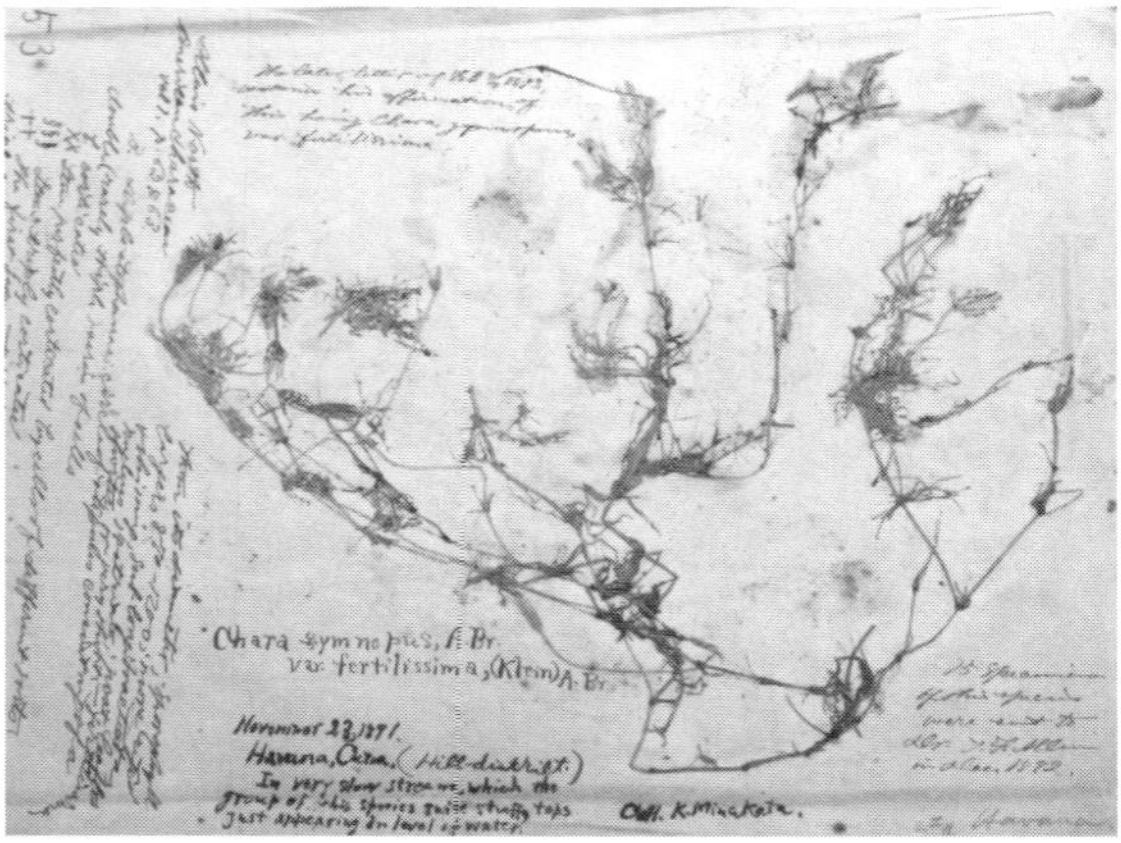

1891年、ハバナに渡った南方熊楠が採集した新種の地衣類の標本。「ギアレクタ・クバーナ」と名づけられた。

写真提供：公益財団法人南方熊楠記念館

この人物については、渡航者の窓口であるハバナ港の商業部が、一八九八年九月九日付けのエル・パイス紙上で報じている。スペイン語の名前がついているところをみると、メキシコか、もしくは他のスペイン語圏の国で、改名したものと思われる。

この例を皮切りに、沖縄や熊本、広島、新潟、高知、福岡など、日本のいろいろな土地から、日本人が移民としてやって来るようになった。

当時は、日本から、さまざまな大陸の遠近とりどりの土地へと、人々が四散する現象がみられた。フィリピンやフィジー諸島、シンガポール、アメリカ合衆国からラテンアメリカまでに渡って入植地がつくられ、そのなかにキューバもあった。移民たちは家族を後に残してきており、遠方から経済的に支援しよう、もしくは、十分に稼いで帰国しようと考えていたが、互いの顔をみることなく十年・二十年が経つことや、時には二度と会うことができないままとなることもあった。

日本の村のなかには、ひとり息子が移民として行ってしまった母親たちが、頻繁に集まってわが子らの話をするという風習が生まれたところもある。集まることで母親たちは、子どもたちはぶじに到着しただろうか、将来はどうなるのだろうかなどといったことに思いを馳せ、互いに慰めあったのだ。

パブロ・オスナの到着に続く二人目は、おそらくコウタロウ・ミヤシタ［宮下幸太郎］であろう。

彼は石川県出身で、アルゼンチンで航海士として働き、一九〇〇年ごろハバナにやって来たと思われる。進取の気性に富んだ人物で、ハバナに魅了されたようだ。彼は、ほんの数年のあいだに、手持ちの金で何艘かの艀を手に入れ、その艀を使って、ハバナ湾巡りを楽しみとするキューバ人や外国人の旅行者を乗せて運んだようである。この仕事はかなりの収入をもたらした。

一九一三年か一九一四年ごろミヤシタは、海浜の町カサブランカで商店主となり、そこでキューバ人女性と結婚した。

年月が流れ、ミヤシタについてその後のことはわかっていない。キューバで亡くなり、今日までどこか知らない場所に葬られたままになっているのか、あるいは出身地である石川県に戻ったのか、謎のままとなっている。

ミヤシタが早い時期に着いた後には、ケイタロウ・オオヒラ［大平慶太郎］をはじめとする何人かの日本人がやって来た。オオヒラはメキシコから来ており、一九〇五年に移住すると、ハバナのオビスポ街に雑貨屋を開いた。

商人としてそれ相応の安定をみたところで、オオヒラは質的躍進を図り、織物を日本から輸入しようと考えた。しかし、キューバでは、アメリカ合衆国が保護貿易主義の障壁を発効しており、日本の種々さまざまで美しい布を扱う専門店をハバナに開くという夢の実現は阻まれた。けれども、オオヒラは、キューバにおける日本人の移民仲介者として知られていたという人もいる。

一九二四年から一九二六年までのあいだに彼は、ハバナに三百八十人の日本人移民をもたらしたそうだ（↓P74）。

キューバ滞在中にさまざまな商店をもった日本人は少なくないが、スペイン人や米国人、ドイツ人、ポーランド人のように、大きな規模のものはひとつもない。小商いのままであった。

キューバの日本移民は、数の点で中国とは比較にならない。理由としては、中国が最初の入植地をもったのが十九世紀前半であるという点が特に大きい。日本人は、一九一〇年代から周期的にキューバに渡航してくるようになった。当時、世界中で「キューバは経済的に繁栄しており、さまざまな国籍の移民が集う国際色豊かな国である」とさかんに喧伝されており、その文句に惹かれてのことである。

ヤスオ・ナガセ［長瀬泰雄］のように、キューバに二度来た例もある。一度目は一九二〇年で、三年間滞在し、それなりの貯蓄を成した。ついで一九二八年、妻と友人のゴロウ・ナイトウを伴って渡航し、何年ものあいだ、部屋貸しや食料販売に従事した。ナガセの妻は一九八〇年に亡くなり、彼はその年日本に戻った。キューバに子孫は残っていない。

日本人が分散して、しかも時にはごく少数で暮らしていたことが主な原因で、料理や宗教などの日本の伝統は時が経つにつれて薄れていった。これは、一世が退き、キューバ生まれの日本人の時代になると、さらに顕著となった。彼らには彼らなりの関心があり、教育を受け、就労し、キューバ社会にとけこむという未来があったからである。

他のアジア系移民の場合はそれと異なっており、例えば東部に入植したインド人のように集まって暮らす傾向があった、インド人移民は、一八〇〇年から一八三〇年のあいだにほぼ集中して入植し、数も二千人に近く、いまだに固有の伝統や風習を保持している。カマグエイ州南部のハイチ系住民の場合も同様である。

日本人が入植した地のなかで人数的に際立っていたのは、イスラ・デ・ピノスおよびピナール・デル・リオ州のコンソラシオン・デル・スルにあるエラドゥーラであった。かつてカマグエイ州に属していたハティボニコ［サンクティ・スピリトゥス］のほうがイスラ・デ・ピノスよりも人数が多い時期もあった。日本人はさまざまな農業労働や小規模商業に従事したが、特に重要なのは鉄道工事での労働である。セントラル・ハティボニコには、サカタやイハ、マタヨシといった姓の、かなりの数の日本人移民が集中していた［セントラルとは、大規模な製糖工場を中心としてできた町や地域全体のこと］。

ショウヘイ・イワサキ［岩崎庄平］とその妻サダメ・サカタの一家は、キューバをあちこち移転する波乱に富んだ暮らしの後、一九三六年、オルギンに定住した。一家はそこで氷菓子を製造販売する小商いをはじめた。共同経営者として他に、マルティン・スギタ、アントニオ・タナカ、サンティアゴ・ヤマシタの三人がいた。三人とも独身であった。

ハティボニコにて撮影されたイワサキ家の写真。左列後ろがショウヘイ・イワサキ、右列前がサダメ・サカタ（イワサキ）。右列がフアン・サカタ（後）とエンジュ・サカタ（前）。

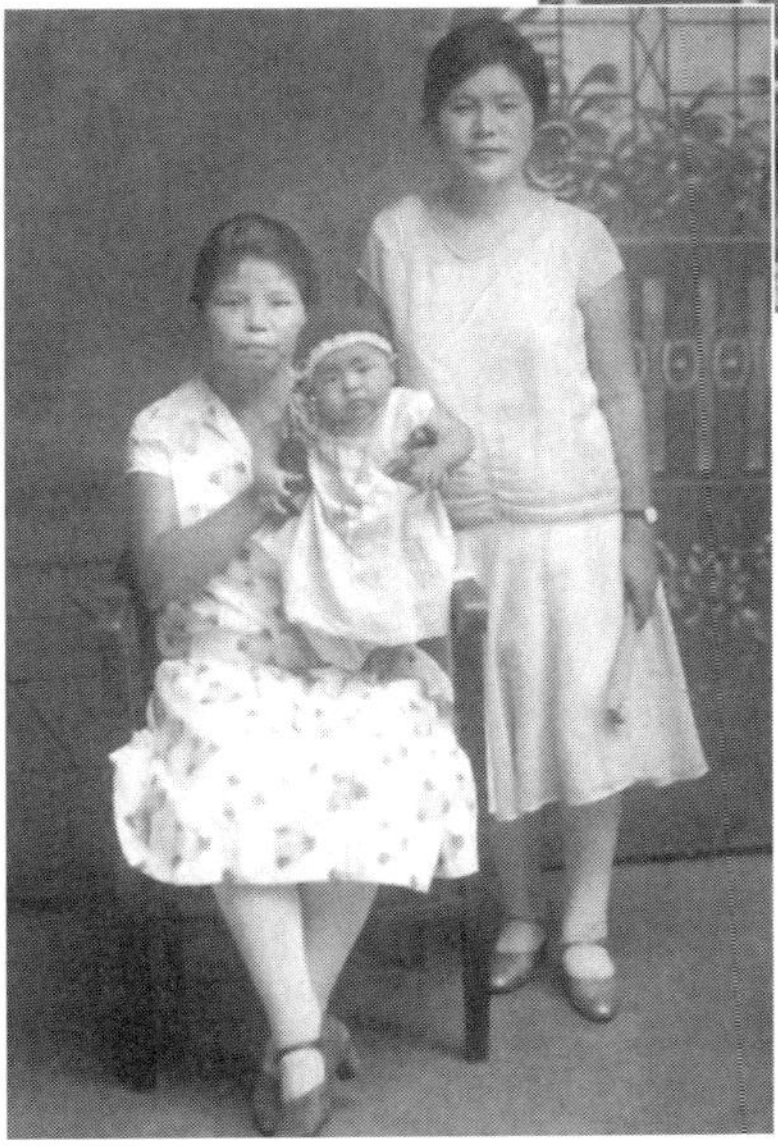

サダメ・イワサキ（左）。娘のヨシコ・イワサキと兄嫁のエンジュ・サカタ（右）と。

シエゴ・デ・アビラのセントラル・クナグアには、カガワ一家がいた。ゴイチ・カガワ〔香川吾二〕とその妻シズヨ〔静代〕は広島の出身で、日本生まれの息子二人を伴い、一九一九年にキューバに渡った。以来、カガワは、まず前述したように製糖工場で、鉄道車輪の鋳造工として働いた。ついで、食料品店を任され、最後には、セントラル・クナグアの土地で農業に従事した。カガワ家は、どの仕事においてもまとまりが強く、厳格なまでに父親が家族の要となっている家族であった。このカガワ家の一員に、一九一四年に生まれ、キューバの日本大使館に二十七年間勤めて一九九〇年に退職したタケシゲ・カガワ〔香川武茂〕がいる。

日本人がキューバに渡ってくる場合、個々ばらばらであるのが常であったが、その最大の関心は、仕事に就くことであり、そして金を貯めて何か商売をはじめるか、もしくは十分なたくわえをつくって日本に帰ることであった。建設されていく各入植地ではそういったことが起きていた。旧オリエンテ州の主要な入植地は、イワサキ家の入ったオルギン、バヤモのサン・ラモン、クオタ家の入ったマンサニージョ、タマキ家の入ったパルマ・ソリアノであった。

キューバで最も西にあるピナール・デル・リオ州につくられつつあった日本人の入植地には、たくさんの家族がいたことが知られており、今日でも各世代に記憶されている。エラドゥーラやロス・パラシオス、コンソラシオン・デル・スル、ラ・コロマ、ミナス・デ・マタアンブレなどでも同様であった。

若き日のタケシゲ・カガワ。両親および姪とともに。1930年代にキューバで撮影された写真。

タケシゲ・カガワと妻のコラリア。1965年ハバナにて。

一九二八年に渡ってきた日本人、ユウゾウ・オカモト・ナカサワとタカト・ヨシダ〔吉田高登〕は、ラ・グィーラの農場で、一軒は日本風、もう一軒はアジア風の家の建築に関わった。

それから長い年月がたった今日、エスペランサ・ヨシダはこのように語る。「小さな橋や休憩のための場所や庭などの、東洋人の手が入ったことがなんとはなしにわかる景観や片隅が、物いわぬ証人として、近隣では感心されているようです」[3]。

人口の点からみると、コンソラシオン・デル・スル市に属するエラドゥーラの集落は、第二次世界大戦後に日本人が入植して耕作するようになったことで、大きくなった[4]。こうした日本人のうち何人かは、イスラ・デ・ピノスから来ていた。イスラ・デ・ピノスは砂質土壌で、ほとんど島の全面積がそうした土質であり、戦前から戦後にかけてのこの時期には、料理用トマトや、キュ

1933年生まれのエスペランサ・ヨシダ（中央）。両親とともに（左がタカト・ヨシダ）。

ウリ、メロンなどが植えられた。収穫物は輸出されず、キューバ国内で販売された。コンソラシオン・デル・スルの近郊、エラドゥーラには、日本人の集団が定住して、キュウリやメロン、トマト、サツマイモ、キャッサバなど、さまざまな作物の栽培に従事した。ここに居を定めた一家は、アヤタ、ハラダ、イマムラ、イノウエ、イシカワ、イシザキ、イワサキ、オオカワらであり、移住の年はさまざまである。

エラドゥーラに最初に入植した一団のなかのひとりにコウジロウ・アヤタ［綾田幸次郎］がいる。彼は一九三九年にこの地に来て、サバナ・エラドゥーラに落ち着いた。一八九六年十二月二十日生まれで、キューバ人女性マルタ・ロドリゲス・エチェバリアと結婚した。夫妻は三人の子をもうけた。さらに、イスラ・デ・ピノス州の東部には、タマシロ家、トミナガ家、ウラツカ家等が定住した。

旧オリエンテ州（現在、オルギン、ラス・トゥナス、グランマ、サンティアゴ・デ・クーバ、グアンタナモの州に分離）には、今日のオルギンにあたる地域を除き、日本人の入植者はごくわずかであった。最も東の州であるサンティアゴ・デ・クーバにケンイチ・フジシロ［藤代健一］の一家が、グアンタナモにはサダオ・キヨセ［清瀬貞雄］の一家がいた。オルギン州のバネスには、カンザキ家とナカオ家が、マヤリにはマツモト家があった。

千葉県出身で一八九二年八月二十九日生まれのフジシロは、サンティアゴ・デ・クーバに住んだ最初の移民であるとされている。彼はそこでキューバ人女性アントニア・ムステリエ・バローと結婚し、家庭をもった。

しかし彼が、一九一三年五月二十三日にキューバの地に到着してから家庭をもつまでに、さまざまな苦労の日々があったことを記しておくべきであろう。彼は、日本の船の乗組員のひとりとしてキューバに渡ったのだが、到着した時、病気にかかっていた。ついでセントラル・マルカネでは不慣れできつい仕事をこなさねばならなかった。その後、サンティアゴ・デ・クーバに定住しても職が安定せず、いろいろ瑣末な仕事についていた。

ジャーナリスト、マルタ・ロハス(5)は、フジシロ・ムステリエ家に関する記事のなかで、この日本人について詳述している。それによるとフジシロは、妻と一緒に商店もしくは金物店をもって、さまざまな品を商った。ケンイチは一九二五年五月十七日に三十三歳で亡くなった。

八十四年の月日が過ぎた時、まったくの偶然から日本人学生ヒデオ・ハナシタがサンティアゴ・デ・クーバを訪れ、ケンイチの孫と出会うことになった。一九九七年より、キューバと日本とのあいだで、フジシロ家が交流を確立するプロセスがはじまった。(6)

グアンタナモには今も、サダオ・キヨセのことを覚えている人が大勢いる。キヨセは非常に優れた家具職人で、その仕事の腕で名声を得ていた。金をたくわえると、それで小さな土地を買い、サトウキビを植えた。

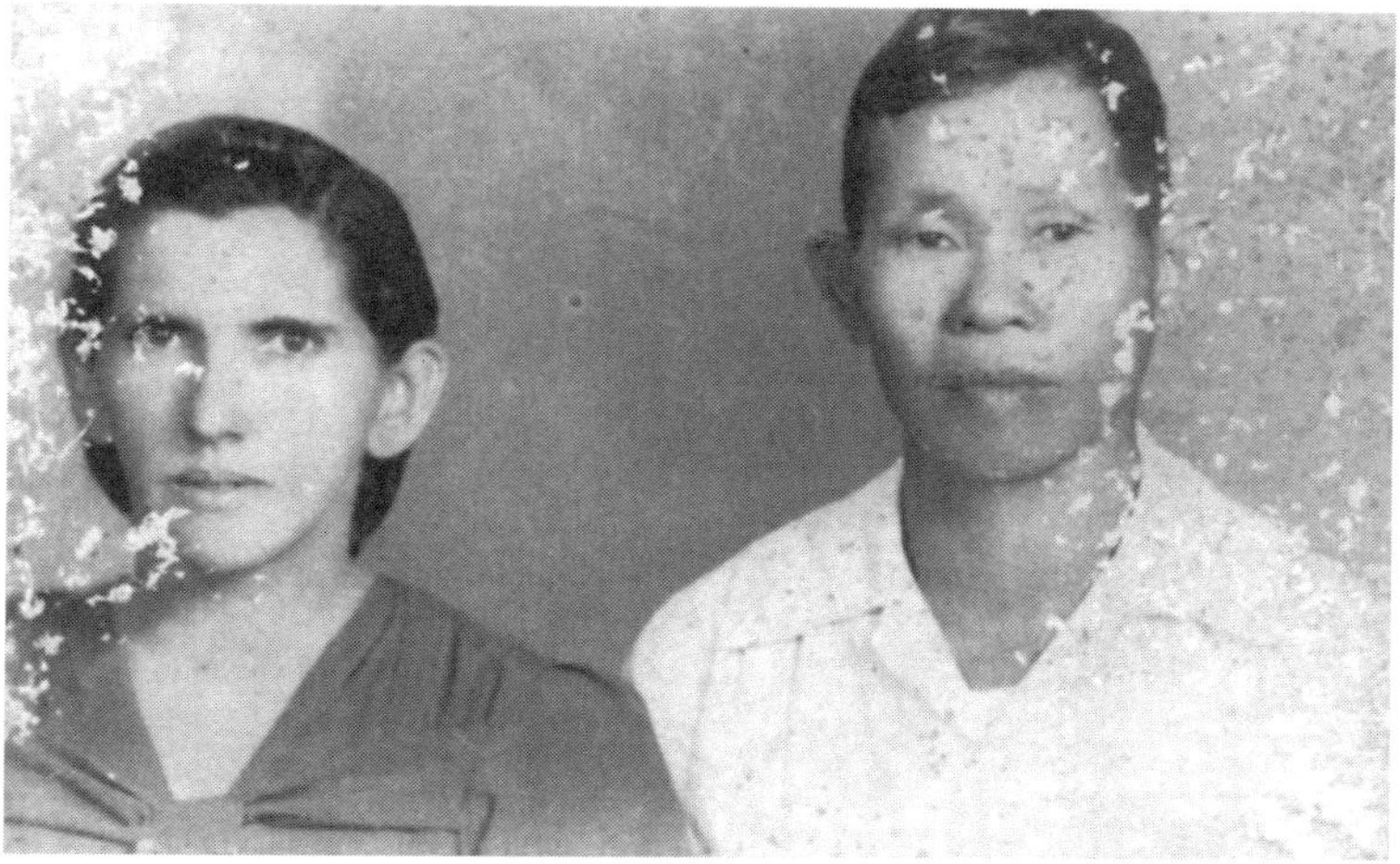

コウジロウ・アヤタと妻でキューバ人のマリア・ロドリゲス。

ピナール・デル・リオ地区の日本人移民グループの一部。コウジロウ・アヤタの姿もみえる（最前列の左から３番目）。この写真は、コンソラシオン・デル・スルのアロンソ・ロハス通りにあるイノウエ家にて撮影された。

キヨセは熊本県で生まれ、一九一〇年にメキシコからキューバにやって来た。亡くなったのは、一九七九年十二月三日、グアンタナモにおいてであった。グアンタナモでは長いあいだ独身で暮らしていたが、その後、イスラ・デ・ピノスの収容所に収監される前に結婚したといわれている。

日本人移民の大きな特徴は、概して、キューバに単身で渡って来たことである。彼らはそこで人生を切り開きたい、仕事や商売で成功したいという希望をもっていた。そして大半は、目的を果たしたら日本に帰ろうと考えていた。徐々に彼らはスペイン語を学ばざるを得なくなり、主に日本人同士で話をする時に使っていた日本語は、子孫の数が増えるに伴って、失われていった。

キューバに渡って来た移民には、スペイン語を覚えた者もいれば、生きるに必要なだけの語句をそらんじただけの者もいたが、すべてはその場その場の成り行きによってであった。食べていくために休むことなく働かなくてはならず、学ぶ時間などなかったというところが確かなところであろう。

日本人は、数十万人いる移民のなかでも、最も過酷な差別を受けることになった人たちに含まれる。彼らは、その状況のゆえと肌の色のせいとで搾取された。つまりは、当時階級に分かれていたキューバ社会の一員になったということである。

(1) ロペス・センラ・ラファエル「ハセクラ」。『オプス・ハバナ』誌、島の民俗第3巻、p64－67、1998年6－8月。キューバ、ハバナ。(注：伊達政宗公の居城のあった仙台市の育英学園(中等および高等学校)は、イストリアドール・デ・ラ・シウダード・デ・ラ・ハバナの事務局に、支倉常長の像を寄贈した。この像は、プエルト通りに、ハバナ港への入口となる運河に向かって立っている)

(2) 右に同じ。

(3) タカト・ヨシダの娘、エスペランサ・ヨシダ談。ハバナ。2000年8月。

(4) 帝国主義的性質を有するこの世界大戦(1939年－1945年)は、ドイツのファシスト、ナチスの侵攻によってはじまり、イタリアと日本がそれに加わった。この戦争は、人類にすさまじい災厄をもたらした。死者はおよそ4000万人にのぼり、さらに、数えきれない数の都市や町、工場、さまざまな民間施設が破壊された。飢餓や病気、爆撃、処刑により、民間人が多数亡くなった。

(5) マルタ・ロハス「フジシロ、キューバのサンティアゴで家族を成したある日本人のごく短い歴史」グランマ紙、1990年11月16日、ハバナ。

(6) マルタ・ロハス「日本のフジシロ一家、自らの一族を発見」グランマ紙、1998年11月5日、ハバナ。

第二章

キューバへの日本人移民

国際日系研究プロジェクト(1)によると、歴史的にみて日本の移民が開始されたのは、サトウキビ・プランテーションを目指す百四十八人がハワイに向けて出発した一八六八年である。一八八五年以降になると、太平洋地域の他の場所に向かう日本人移民が大量に報告されるようになる。

ラテンアメリカでは、日本人の農業労働者が徐々にみられるようになっていった。グアテマラに日本人が最初に入ったのは一八九三年、メキシコには一八九七年、ペルーに一八九九年、チリに一九〇三年、ブラジルに一九〇八年、アルゼンチンに一九一三年、コロンビアに一九二九年、パラグアイには一九三六年であった。

キューバ共和国の公式な記録に、移民もしくは旅行者の資格で日本国籍を有する者が最初にあらわれるのは、一八九九年の人口調査においてである。この時八人の日本人が報告されており、その所在は、ハバナに二名、マタンサスに三名、サンタ・クララに一名、プエルト・プリンシペ(カマグエイ)に一名、サンティアゴ・デ・クーバに一名であった。この八人のうち女性は一名で、ハバナに居住していた。(2)

キューバに向けた移民プロセスを研究するのに最も重要な情報源は、間違いなく、二十世紀の初頭、約三十年間について編纂された「移民および旅行者の出入り」に関する冊子をはじめとする、さまざまな人口調査の類である。(3)

上記の冊子に記載されていた一九〇二年から一九三一年のキューバに到着した日本人に関する

年度	性別		総数	戸籍		年齢			出身地		有識者	識字／非識字	
	男性	女性		既婚	独身	0－14	14－45	45以上	日本	その他		識字	非識字
1899	7	1	8										
1902-3			1										
1903-4													
1904-5			1										
1906			1										
1906-7	4		4							4	2		
1908													
1909	24	5	29	8	21	7		22	29	27	28	1	
1910													
1911	2		2		2		2			2	1	2	
1912	5		5	1	5		4	1	1	4	6	4	1
1913	2		2		2		2			2	2	2	
1914	2		2		2		2			2	2	2	3
1915	56	11	67	27	40	3	51	3		67	53	54	11
1916	225	37	262	58	204	10	250	2		262	226	251	
1917	32	2	34	3	31		34			34	32	34	
1918	12		12		12		12			12	12	12	
1919													
1920	14		14		14		14		14		14	14	
1921	73	14	87	24			87		20		76	87	
1923-4	19		19		63		19		4	67	19	19	
1924	187		187		187		187			16			
1925	185		185	42	143		185		185	187	185	185	
1926	115		118	3	116	1	118	12				54	
1927	43	11	54	23	31		41			118	118		
1928			26							54	54		
1929			14										
1930			92										
1931			14										
Total	1007		1091										

出典：Cuba. Secretaría de Hacienda. Inmigración y Movimento de Pasajeros, 1902 y 1931, La Habana, Cuba（colección de folletos）.

注：指摘したように、表に示された公式統計には、いくつかの項目について空欄がみられる。この統計に記載されている移民の全体像は完全なものではない。なぜなら、非公式経路での日本人移民の入国もあったと思われるし、同じく、近隣のアンティル諸島地域からの移民がキューバに入ることもあったためである。

統計情報を分析し、かつ、到着時に外国人が記入を義務付けられていた項目に注意を払ってみた結果、いくつかの考察が得られたので紹介したい。先に明らかにしておかなければならないのだが、数年分については、他の年度に存在しているいくつかの項目がないために情報の空白部分が存在している。そのため、数字的に厳密に比較検討し、結論を出すには画一性が不足していることをお断りしておく。

表をみると、キューバ国内に留まる傾向があり、また、キューバに渡って来た日本人は、その大多数が、直接日本から来たのではなく他の国に滞在、経由してから来ていたことがわかる。最も多く利用された入国港は、報告書によればハバナで、サンティアゴ・デ・クーバもごくわずか利用されていた。

一九〇三年と一九〇四年、一九〇八年、一九一〇、一九一九年には日本人移民が報告されていない。上記統計の記載によれば、日本人移民は例外を除き、読み書きができ、健康であった。移民が大量にやって来た製糖業の大発展の時期に、キューバで経済的に向上する可能性を求めて移民としてやってきた者は独身だったのだが、これがカリブ海の全域でほぼ共通する現象であったことには興味をそそられる。日本人の場合、この特徴に加えて、大多数が年齢は十四歳から四十五歳の有職者であったことが指摘できる。

日本人は、かなり多くの人数がキューバに到着した。主な職業は日雇い労働者や農業労働者であった。また、数は少ないが、大工や芸術家、庭師、召使、床屋、美容師、機械工、施盤工、配管工、電気工、水夫、そして医師一名なども一九一二年にはいた。同時に、「無職、女性と子どもを含む」の項目にも、ある程度の数の日本人が記載されている。

移民の職業についての項目の余談となるが、この調査が実施されていた期間中にキューバにやって来た最も文化的技術的水準の高い日本人として今日まで知られているのは、次の三人である。

ススム・イトウ〔伊東進〕一九一七年一月十八日キューバに到着。大分県出身。日本で大学教育を修了。旧オリエンテ州のセントラル・タカホで、ホテルの庭師として働いた。一九五五年十月十八日に死去。結婚はせず、子どももいない。

ヘイキチ・モリ・タキグチ〔森平吉〕鹿児島県で生まれる。農業高等学校で植物学を修めた。長年キューバにおいて、造園と園芸に従事した。一九七六年八月十九日、ハバナにおいて死去。

ケンジ・タケウチ〔竹内憲治〕（↓第五章）日本で植物学の高等教育レベルを修了。キューバ到着以来、専ら造園に従事し、植物生理学の進展に大きな貢献をした。一九七七年八月三十日、ハバナで死去。

キューバに到着した日本人の、出身地の欄に示された数字に注目していただきたい。この資料によれば、大多数は他の国からやって来ており、日本から直接来たものではない。実際にそうであったのか、それとも、日本を出発した日本人のかなりの数がキューバに着く前にさまざまな港を経由したはずであるので、最後に寄港した国の名を記載したのかという点で、この情報にはいくらか疑問が残る。とはいえ、聞き取り調査の結果によると、一九一五年から一九三〇年のあいだに集団でキューバに到着した日本人たちは、直接日本からやって来たということであった。

しかしながら、これに関しては、次のことを考慮に入れておかなければならない。先に触れた日本を出身地としていないキューバへの移民は、当時ラテンアメリカで起きていた日本人の大規模な移動と関わりがあるかもしれないのだ。この移動とは、おそらく一九〇七、一九〇八年以降に増大したもので、北米への不法入国を意図して何千という日本人がメキシコにやって来ており、北米に入ることができなかった者は、別の目的地を探した。これは、日本とアメリカ合衆国間で結ばれた「日米紳士協約」、および、日本・カナダ間で結ばれた「日加紳士協約（林＝ルミュー協約）」によるものであった。両条約は、日本人が北米に入ることを厳しく規制した。この状況は、一九二四年に米国への移民が禁止されるとさらに増大し、そこで、次なる目的地としてキューバが選ばれるようになったと思われる。

一九一九年から一九二三年の期間には、キューバにおける「百万人のダンス」、すなわち超好況期が含まれている。これは、一九二〇年、国際市場での砂糖の価格が高騰したことによる砂糖ブームが原因で起こったものである。その後、ほとんど直後といっていい時期に砂糖の価格は急激に下落し、総崩れとなった。この上下動のなかで、日本を含む世界中からやって来た日雇い労働者は主役を演じることになり、この激変の恩恵と被害とを受けた。

この期間における主要な移民の年平均入国数は、スペイン人四万四千六百九人、ジャマイカ人一万四千八百九人、ハイチ人一万四千四十五人、中国人二千四百六十一人。日本人の平均は三十五人である。(4)

後年になって集計された数字は、はじめに述べたような空白が存在するために、正確なものとはいえない。しかし、移民のように複雑な現象を少しでも理解するための出発点としては有用なものである。また、上記の数字には、主に北米のさまざまな商社に雇われて砂糖精製工場の多くが所有していた港に直接入った、何千人という移民は含まれていない。アンティル諸島出身の日雇い労働者たちがこのケースにあたる。

一九四〇年までは、キューバ生まれの日本人の子孫をはっきりと確定し、リストアップすることができるのだが、この年、日本人およびその家族がキューバ共和国憲法の下に入り、同憲法によって、キューバ領内で生まれた者はすべて、両親が外国人であっても、キューバ人とみなされるようになったため、次第に特定できなくなっていった。その時までは、成年になった時にキューバ市民権を要求し、両親の国の市民権を放棄しない限り、キューバ人となることはできなかった。

一九〇〇年から一九四〇年にかけてのキューバは、砂糖生産と密接に結びついた、まさに移民のモザイク状態であった。そのため、移民に関連する軍令や政令、法律、裁定が約八十も承認されることになり、これによりキューバは単なる島ではなく「約束の地」と考えられるようになった。

日本人男性の移民は、当初、妻などを伴わずにキューバへやって来る傾向にあった。彼らがそう決めたのには、尤もな理由があった。移民たちの多くは、日本で家族とある程度豊かに暮らせるだけの金を貯めたら帰国するつもりでやって来ていたのである（ただし、当然ながら彼らは、どんな状況に直面することになるのか知らなかった）。また、キューバで子どもが生まれた時、日本領事館にのみ届け出て、キュー

カマグエイのセントラル・バラグアの日本人移民グループ。1920年代の中頃。一番右に座っているのがこの集団の代表であるフランシスコ・アラカワ。

バの出生登録を行なわなかった日本人夫婦があったことも知られている。帰国の費用をまかなうだけの金がつくれなかったために、かなりの数の移民が、考えを変えてキューバに恒久的に留まるという選択を受け入れざる得なくなった。このため、日本人の子どものなかには、出生から何年も経ってからキューバの公式台帳に登録された者がいる。

キューバに日本人が移民してくるなかで、ヘイキチ・モリ・タキグチのような事例は数多くみられた。彼は一財産を築こうと、一九一六年八月一日、単身メキシコからやって来て、七年の後、妻を呼び寄せた。ずっと日本へ戻るつもりでいたのだが、キューバに慣れてくると考えを変え、生国の日本に他の家族を残し、子ども三人と家庭をつくることにした。

統計によれば、一九四五年までにはキューバに、日本出身の女性が六十八人存在していた。また、四十二人のキューバ人女性が日本人と結婚していた。

ゴロウ・ナイトウ所有の、キューバにいた日本人に関する貴重な資料をひもとくと、二〇〇〇年までに、およそ一千百七十人の日本人が移民として記載されている。その大多数は一九四三年までの移民であり、その年から二〇〇〇年までのあいだにキューバに移民した者の数は二十人に満たない。

移民は、日本のほぼ全部の府県からキューバにやって来ており、その内訳は次のようなものである。

沖縄	百九十八
広島	百四十八
熊本	百四十六
新潟	百三十三
福岡	八十四
和歌山	七十六
高知	三十八
福島	三十三
長野	三十三
岡山	三十三

その他の府県からやって来た日本人は少数である。

一九二〇年以前に、ラテンアメリカ各国からキューバに来た者の数は、スペインからのひとりを含み、次のようになっている。

メキシコ	四十八
ペルー	二十五
パナマ	十五

グアテマラ　一
アルゼンチン　二
その他　五

一九四三年にキューバには、女性六十八人、男性三百四十五人の日本人移民がいた。この数は、総入国数に対してかなりの開きがあることがみてとれる。これは三つの理由によるものと考えられる。日本へ帰国した者（多数）と、他の国へ転出した者（少数）、逝去した者があるためである。伝統を守り、民族や習慣、言語、ひいては日本人家族のルーツとなる共同体を保持するという思惑から、婚姻は日本人同士で行なわれた。これは、当初から何年間も日本生まれの移民たちによって実行された措置であり、時に、避けることのできないこととして、子孫たちにも受け継がれた。

スルヒデロ・デ・バタバノ［マヤベケ州］に漁師として定住した最初の移民三人のうちのひとりの子孫であるカルメン・キタサキは、自らについてこう語る。

一九二〇年から一九二三年までのあいだに、私の祖父母はキューバにやって来ました。結婚したばかりの夫婦でした。当時、他の国の人との結婚は許されていませんでした。私の母はキューバで生まれたのですが、祖父はいつも、母が日本人と夫婦になるよう望んでいました。

それがしきたりだったのです。そのため、私の父は十七歳年上で親戚だったのですが、二人は結婚させられたのでした。(5)

この伝統のために、キューバに来た日本人移民は、日本にいる「仲人」、すなわち、女性を紹介してくれるけれどもほんの少しの情報しか与えてくれない親戚に頼るか、もしくは、キューバで働いている日本人に親戚を紹介してもらうかしなければならず、そういう場合には往々にして、写真一枚みただけで決めることとなった。一般に、相手となる女性たちは、キューバに単身で渡ってくるか、もしくはパナマなど、別の国の港で未来の花婿に迎えられた。そのため日本人移民は、代理結婚の手続きと妻の渡航費用とをまかなうための金を貯めなくてはならなかった。また時には、移民自身が日本に行き、そこで未来の伴侶と結婚してキューバに連れてくることもあった。日本で結婚してキューバで再び一緒になるというような場合を除き、互いにほとんど知らない者同士の婚姻となった。

このような夫婦は、大多数が何年も連れ添い、夫婦どちらかの死によってのみ別れることになった。ハラダ夫妻、ミヤサカ夫妻、ウラツカ夫妻、イワサキ夫妻、チクイ夫妻など、このような例は多数にのぼるが、離婚した夫婦もなかったわけではないことを付け加えておく。結婚すると妻は夫の姓になった。子どもたち（第二世代）は、父方の姓を先にして父母二人の姓を併記した。

上記のような夫婦の子どもであるキューバで生まれた第二世代は、日本人同士で結婚することを両親から強く求められたが、日系人の新しい世代の考え方は変わってきており、今日ではこうした状況も自然に変化してきている。彼らの場合、キューバ人との結婚が普通になっているのだ。

一方、キューバにおいて日本人の子弟をどのように教育するかという点に関しては、四世に至るまで、かなり一致しているという印象を聞き取り調査から受けた。常に日本を敬愛すべしという倫理の下、日本に生まれた移民たちは、見知らぬ祖先の国への繋がりと関心とを定着させた。日本人移民は、真面目で、年長者を敬い、質素で、私生活をよく律し、忍耐づよく、勤勉であれ、しかし同時に仕事と家族とを愛せ、と教え込まれた。

キューバの日本人家族のなかにあった人間関係は、主に次のようなものであった。

年長者を敬うことは、兄弟のあいだからまずはじまりました。弟妹は兄姉の意志をまず優先させなければならず、兄姉は、父母のように、弟妹の面倒をみなければなりませんでした。そのため子どもたちは、弟や妹が生まれると、年齢より早く成熟しました。遊びのなかでも、学校でも、他のどのような時にも私たちは、弟や妹に責任をもたねばなりませんでした。(6)

二世の生活を司るこのような原則の大部分が、第二次世界大戦中、イスラ・デ・ピノスの監獄におよそ十人の二世が収監された時、ごく自然でまっすぐなかたちで発揮された。そこでの日本人は、寄せ集めされたおよそ三百五十人の集団であったが、日本に生まれた者と二世とのあいだに連帯があり、暴力的な言い争いなどはまったくみられなかった。同じ監獄という状況で、ドイツ人のあいだで起こっていたのとは、きわめて対照的であった。また例えばブラジルでは、日本の戦争での勝利を何がなんでも主張する者と敗北を認める者とのあいだの反目が、暴力的な対立を招き、死者まで出すことになった。

日本人の天性の勤勉さはよく知られているが、収監中に行なわれたさまざまな仕事でも、それは明らかになった。このモデロ監獄［イスラ・デ・ピノス］のなかで、何人かの日本人は、食事の足しにできるよう魚をいくらかもらうことを条件に、生まれてはじめて魚網づくりを習い、百六十フィート［約四十九メートル］の地引網をつくった。

日本の伝統に話を戻すと、キューバにおいては、ある程度、料理法に集中して伝統がみられたという点で、人々の話は一致している。それは、日本人の父、もしくは母、時には双方から伝えられたものであった。

食べ物に関して、日本人と中国人は、干した海藻やある種のゼラチン、大豆でできた「トウフ」と呼ばれるチーズのようなものなど、何種類か共通する食材を使っていた。こうした製品の多くは中国人の商店で購入されていた。ハバナではサンハ街やモンテ街の市場で販売されていた。例えば魚の切り身は、過去も現在も中華ソースと酢で調理される。

食品関係の習慣、もしくは特定の食品の食べ方としては、刺身、すなわち生で魚を食べるというものがある。

文化的に、日本人は生鮮食品を手を加えずにそのまま味わうことを好む。例えば、ホウレンソウやキャベツ、ニンジン、インゲンマメ、トマトなどの野菜や、彼らの主なタンパク源である生の魚肉などがそのようにして消費される。キューバ生まれの二世はその食習慣に、得て不得手の個人の差はあれ、同化してきた。そして最後には魚も生で食べることができるようになり、今日までそういった伝統が保持されている。第一世代の食卓には他に、塩味もバター味もついていない米と、漬物などを見出すことができる。また、パリートス・チノス（箸）と呼ばれるものが使われているのもみられる。

食習慣については、イワサキ・サカタ家の五人の子どものなかで唯一存命であるキヨシ・フリオ・イワサキ氏の話を披露しておくのが適切であろう。彼が記憶しているところによれば、家には仏壇があり、そこに日本の食べ物が供えられていた。家で家族が食べるのにつくられたのと同じもので、カマメシ、マンジュウなどであった。その他に、刺身やカマボコ、タケノコと野菜のサラダなどがあった。

日本人の父親のいる日本人家庭では、食事の時間は神聖なものであった。家族全員が食卓につかねばならず、誰ひとり時間に遅れてはならなかった。同様の規律は、年長者が家を訪問した場合にもあった。このような訪問者がやって来ると、子どもたちは別の部屋に移った。

日本人はスキヤキと呼ばれる料理をたいへん喜んでつくった。スキヤキは、牛肉と野菜と甘辛いソースからできており、アルコールコンロが使われた。

キューバで知られていた日本料理の種類は、移民が生まれたさまざまな地域の食習慣に応じたものであった。例えば、熊本出身でセントラル・バラグア［シエゴ・デ・アビラ州］に定住したアラカワ家は、スキヤキ、刺身、うどんを好んだようである。

沖縄出身で同じカマグエイ州に暮らしたイトカズ家[7]は、同じくうどんをつくり、その他、特に、豚耳のサラダや、麺の入った冷たいスープなどをつくった。

イスラ・デ・ピノスでは、日系人の食卓に、日本での出身地に由来する典型的な料理とともに、キューバ料理のなかでも最も伝統的な料理が残っている。

日本人は他にも、白米と浜で焼いた鯛でつくる伝統料理をもつ。この料理は日本語で「シロメシ　ニ　タイ　ノ　イワヤキ」という。時にはスシもつくられた。これは、酢を使って米と魚を、ただし別々に調理しておく。そしてその後、両方を混ぜる。こうしたことはすべて、日本を思い出すために続けられていた。

信仰に関しては、仏教徒もしくは日本古来の宗教である神道の信者であるという日本人が、過去も現在もいる。神道は、亡くなった者は家族を見守る神に変わるという根本原理を有している。おそらく仏教から分離したものであろう。天皇、すなわち皇室の宗教である。日本の宗教行事に関して、キューバにおいて両親から何かを行なうようにと強制された子孫の事例は、調査ではひとつも得られなかった。

日本人が亡くなると、死者のために敬意が払われ、祈りが唱えられるが、そのために寺院に出向くに違いないと考えるべきではない。墓に死者の好んだものが供えられ、四十日のあいだ、家族は毎週、埋葬された場所を訪れる。ヘイジ・ホンマ〔本間平治〕の場合、イスラ・デ・ピノスに収監されていた時に、スポーツマンであった下の息子が事故で亡くなったと知ると、房の片隅にロウソクを二本灯しただけであった。宗教という観点からすれば、例えば中米のようなカトリックの伝統の国々で行なわれるようなものと同じではない。

宗教行事に関する調査についてでは、モサク・ハラダ〔原田茂作〕による証言を引用するのが適切であろう。

毎年八月十五日に、イスラ・デ・ピノスの日本人は、伝統的な祭である「死者の日」の行事を行ないました。日本ではもともと、八月十三日に家族は、墓地にある身内の墓の前に行きます。その後、皆が家に戻ると、死者の霊もついてくるのです。十四日には、霊はそのまま家にいて、盛大に祭が行なわれます。踊りを踊り、多いに酒を飲みます。この日の特別な踊りには音楽がつきもので、この踊りは盆踊りと呼ばれ、死者の祭を意味します。この日、唯一の禁忌は、魚を食べることです。翌日十五日、霊は再び墓地に戻ります。(8)

この祭は日本からもちこまれた風習で、イスラ・デ・ピノスにおいては、尊重され、日本人社会の一世やその子孫たちによって、二十世紀の半ばを過ぎても続けられていた。キューバの他の地域では、このようなことはなかった。

大阪—ハバナを結ぶチャーター便で、二〇〇〇年八月、沖縄出身のソウジュウ・イトカズおよびトチェイ・ミヤギのごく近い親族七人がやって来た。七人は、コロン墓地にある日本人移民の霊廟に詣で、ソウジュウ・イトカズとトチェイ・ミヤギのために式典を執り行なった。トチェイの生まれた小さな村の水を手向け、彼の好物の菓子や飲み物を供え、さらに伝統的な儀式をし、彼の好きだった歌もかけた。

遠い祖国の習慣のいくつかを保ち続けるための、孤立した、しかし激しい闘いのなかで、かなりの数の日本人が、自らゲタをつくった。

日本人については、「例えばキモノを着ることや、熱い温度での入浴（おふろ）、そして、お茶の儀式のような内輪のお祝いを楽しむためにデザインされ、位牌や神棚もおかれているトコノマ

〔床の間〕様式を部屋に備えることなどといった深く根付いた習慣も、キューバで保ち続けることはできなかった」[9]との論述がある。しかし、何人かの日本人から、オフロの習慣があったという証言もあるので、上記のことがすべてあてはまるといえないだろう。イスラ・デ・ラ・フベントゥには現在、この種の入浴のための設備が三つ存在する。ひとつはハラダ家、もうひとつはタケオ・クボ〔久保武夫〕の家、もうひとつはチエコ・ミナトの家にある。セントラル・ビオレタ〔シエゴ・デ・アビラ州〕ではかつて、カガワ家が、家の中庭におふろをもっていた。

もしも日本人やその子孫が、第二次世界大戦中にイスラ・デ・ピノスの監獄に収監されるという事態が起きなかったならば、習慣や

イスラ・デ・ラ・フベントゥの、モサク・ハラダをリーダーとする日本人移民グループの一部。ゴロウ・ナイトウ、タケシゲ・カガワ、カンジ・ミヤサカも写っている。

伝統、宗教、言語に関して、違った状況が生じていたであろうと考えることができる。

日本生まれの日本人はすべて収監された。その後、家庭から引き離されて三年以上も経ってから、職もなく、ささやかに営んでいた商売も失って、見知らぬ土地で生き抜いていく方法をみつけなければならないはめになった者が大多数だった。移民による成果をほとんど根こそぎにされたのだ。概して、イスラ・デ・ラ・フベントゥを除き、日本人コロニーとしては、食習慣も、衣服や踊りの習慣も、文化遺産は何ひとつ残っていない。当然ながら、こうした障害が、キューバの日本人共同体をますます離散した姿へと変えていったのであった。

前記の事実はまた、年とともにキューバの日本人が孤立して暮らすようになったことにもつながった。農村地帯には日本人間の繋がりがあったが、町や都市に移ると、閉鎖的な生活になる傾向があった。おそらくそれは、社会的により複雑な状況のなかで共生しなくてはならない時、互いのあいだで強くまとまるための手段としてであったのだろう。それに加えて日本人は、感情をあまりあらわさない、内向的な性質である。これは、スペイン語をよく話せないのが主な理由であると、多くのキューバ人は考えている。

例えばカマグエイには、氷菓子を製造していたハセガワ家と、自転車修理工場をもっていたモリカワ家、カマグエイの町から少し離れた農園にいたカイダ家とアダチ家、そしてチクイ家があった。これらの家族のあいだには密な繋がりが存在した。クリスマスや新年を共に祝い、ヌエビタスの浜へ一緒に遠足にも行った。

日本語に関しては、第二次世界大戦前に生まれた年長の子どもたちには、すらすら話せる者がかなりいる。監獄で日本語を学んだ者も何人かいた。年少の子どもたちは、理解はできたが話せなかった。年月が経つなかで第三世代や第四世代は、キューバ社会に融合していったため、日本語から離れていった。この状況は進行し、日本生まれの日本人にとって、彼らが子どもたちに日本語で話をすると、子どもたちはスペイン語で返事をするというほどになった。孫の代では問題はさらに深刻である。

サブロウ・ミヤサカの例は、イスラ・デ・ピノスの日本人にとって、日本語の教育がいかに重要であったかを示す興味深い例である。フカロ地域に住む子どもたちに授業をするために、彼は教師として受け入れられ、モサク・ハラダの子どもたちを個人的に担当した。彼はまた、日本人家族と文化的な会合を好んでもった。

文化的表現活動に関しては、いろいろあるなかでも、一九二八年にキューバにやって来たキンジ・タチカワ［立川金治］がよく知られているようだ。彼は絵を描くことを非常に好んだ。気の毒なことに、芸術家ではあったが、日々の糧を得ねばならない苦労のために、その才能をあるがままに伸ばせずに終わった。余暇には、日本の美しい風景や船を描き、そこには彼の優れた感覚がうかがわれた。

タチカワは、熟練した漁師で、非常に繊細な芸術的感性をもっており、イスラ・デ・ピノスの監獄に収監されているあいだに、シャミセン〔三味線〕と呼ばれる三弦のギターをつくりあげた。彼の娘の話によれば、この件に関する思い出として、彼女の父も他の日本人も、監獄特有の敵意に満ちた状況のなかにありながら、その楽器のおかげで楽しいひと時を過ごせたという。娘セシリアはさらに、タチカワはどんな楽器からも音楽を生み出すことができたという。実際、弦楽器であるシャミセンや、ピアノや、その他のいろいろな楽器を彼は演奏できた。さらに、彼は監獄で、房の壁いっぱいに、熱心に日本の風景を描いた。それは、そこでの生活を少しでもしのぎやすいものにしたばかりでなく、気晴らしにもなった。

タカト・ヨシダは私たちの目に、実に完全無欠な人物にみえる。彼は、一九二六年三月二十三日、広島からキューバにやって来たが、それ以前に日本で、みた者が皆賞賛する美しい絵を描いていた。キューバでの彼は、彼の娘エスペランサの思い出によると、次のとおりであった。

父は時折、手作りの竹の笛を吹いていました。非常に素晴らしい音色でした。足を組んで隅に座り、目を閉じて、美しい音色が流れるがままにしていました。その音色は、父を遠い祖国にいざなうものであったのかもしれないし、あるいは、父の夢や悲しみや喜びをあらわしているものだったのかもしれません。

彼の音楽はたいてい、非常に感傷的なものであった。

読み物への切望については、カメジロウ・ウエハラ〔上原亀次郎〕の例を挙げることができよう。[10] 漁師であった彼は、スルヒデロ・デ・バタバノに住んでおり、飽くことのない読書家であった。娘のカリダによれば、彼は「日本から本を受け取っていた唯一の日本人でした。本は家族が箱詰めにして送ってよこし、父はバタバノの日本人にそれを貸していました」。

一般的にいって、さまざまな機会に、シャミセンが弾かれ、日本の歌がうたわれたことが、今回の調査のなかで確認された。その機会とは、日本の天皇誕生日を祝うためや、毎年一月一日や、家族の集まりのなかでや、単に郷愁や悲しみを歌うためであった。

右に触れたように、日本人移民が実行していた伝統のなかに、天皇誕生日がある。これに関して、一九三〇年五月一日の *Isles of Pines Post* 紙は、イスラ・デ・ピノスのサンタ・バルバラ支部の地域内で行なわれていた日常の活動についての情報を広く掲載している。第二次世界大戦のはじまるまで毎年のように、天皇誕生日と、キュウリとピーマンの収穫とが一緒に祝われていたという。

先の新聞のいう日付には、キューバ日本人会の各所の委員が、サンタ・バルバラ支部長トメハチ・（カボ・）コバヤシ〔小林留八〕の招きに応じてやって来た。そこには何十人という日本人が集まり、奇術やパントマイム、踊りなどが上演され、日本の伝統料理が供された。まず最初はサケで乾杯がなされ、同時に、スモウとして知られる日本のプロレスが行なわれた。この際にはスモウに伴う式次第がすべて執り行なわれ、ドヒョウも使われた。その後、午後の三時か四時に昼食がはじまった。この日本人同士の会合は、ほぼ宵の口まで続いた。この集まりには時折、キューバ人や他の国の人間も参加した。

日本の習慣や情趣を保持し、尊重するという点では、ヒデイチ・カトウ［加藤英二］の家が記憶されている。[11] 彼は第一世代に属し、日本人社会のなかで最も水準の高い暮らしをし、最も尊敬を受けていたひとりである。彼の住居にやって来ると、訪問者はまず日本の伝統的な内装を施した部屋に出くわし、続いて、水がいつも湧いている滝をみることになる。中庭には日本庭園があった。

日本生まれの日本人がスペイン語の名前をつけるようになった理由については、さまざまな説があるが、基本的には意思疎通上の必要によるものであった。彼らは好きな名前を付けたり、もしくは、人に付けられた名前をそのまま使うようになったりした。日本人やその子孫が裁判所や市民権登録で名を記載する時に問題が生じることもあった。かなりのケースで、証言者たちが口にする呼び名がそのまま名前として記載されるようなことが起こったのだ。これに関して苦情があった場合の回答はいつも同じで、担当役人が、これからはっきりさせると説明するのみであった。私たちの聞き取り調査によると、この約束が果たされたことは一度もなかったようだ。

ヘイキチ・モリ・タキグチの体験は興味深い。彼は一九一六年にセントラル・バラグアにやって来たが、関わりをもつ相手に名前を覚えてもらえず、大変な苦労を経験した。彼の孫カルロス・モリによると、ヘイキチは名前を変えなくてはならなかったが、「おもしろかったのは、何という名前にするか、みんなが祖父に訊ねると、祖父は『ルネス［月曜という意味］』といったのです。しかし、ルネスは名前にするわけにはいきません。みんながそういうと、祖父は曜日の名前を日曜日［ドミンゴ］まで順にいったのです［ドミンゴは名前としても一般的］。それで、ドミンゴに決まり、ドミンゴ・モリ・タキグチと呼ばれるようになりました」。

さて、何百人という日本人がキューバにやって来て、多くはイスラ・デ・ピノスに定住したが、習慣や文化遺産に関しては何が残っているのであろうか。これがどのように変容し、日本人の子孫の現在の世代において、文化の転移がどの程度進んでいるかについて、ホルヘ・トイチの言葉を引用したい。彼は、「ハラダ・ナカシマ夫妻の十二人の子どものうち、下から二番目の子ども」であり、学校を卒業して機械技師になったが、今では両親が生計を立てていたルーツ、すなわち農業に戻っている。

先祖の堅実さと継承性を忠実に代表する者として、トイチは、彼の両親らがもたらした初期の習慣が蒙っている変化について、次のように語った。「まず最初に食卓につくのは年寄りで、母と兄嫁が最後でした。それが習慣でした。今では違っています。皆が一緒に食卓につきます。男も女も、子どもも大人も。でも、敬う気持ちはそのまま大事にされています」[12]。

（1）国際日系研究プロジェクト。初年度報告。1998年4月1日–1999年3月31日。全米日系人博物館。アメリカ合衆国、カリフォルニア、ロサンゼルス。

（2）キューバの人口調査についての報告。1889年。戦争局、キューバ人口調査監督事務所、ワシントン、1900年、内閣印刷所。p230。

（3）キューバ、財務省。1902年–1931年の移民および旅行者の出入り。キューバ、ハバナ（冊子集）。

（4）右に同じ。

（5）『ラベントゥ・レベルデ』紙、1985年4月25日、キューバ、ハバナ。

（6）モサク・ハラダの娘、ヘノベバ・ミエコ・ハラダ談。

（7）ソフ・イトカズ。沖縄出身、1896年10月生まれ。1918年1月10日、キューバに到着、1941年2月3日、44歳で死去。

（8）ハイメ・サルスキー。「イスラ・デ・ピノスの日本人コミュニティ」『ボエミア』誌、1974年3月15日号。p7。キューバ、ハバナ。

（9）カマチョ・レディス、マヌエル・ゴンザレス・ベジョ「1世紀の日本人」『ラベントゥ・レベルデ』紙、1968年9月6日。キューバ、ハバナ。

（10）カメジロウ・ウエハラは、1905年1月17日、沖縄県の糸満（漁師の町）に生まれた。1926年3月23日にラクヨウ〔楽洋〕丸という船でキューバにやって来た。彼の息子は日本に残っており、1972年にキューバを訪れて父親に再会した。息子の名はカメイチロウ・ウエハラ〔上原亀一郎〕であり、元糸満町長で、共産党沖縄県委員会議員であった。カメジロウ・ウエハラは1979年1月5日に死去した。

（11）ヒデイチ・カトウは、天皇から勲章を受けたキューバではじめての日本人である（1965年に授与）。彼は、1984年、岐阜県に生まれた。1915年に日本から直接キューバにやって来て、ハバナに定住した。クリーニング店「キモナ」の所有者であった。1940年、日本建国記念祝賀のため、キューバの日本人を代表して日本を訪問した。1968年8月20日、日本で死去した。

（12）トルヒージョ・デ・ラ・パス・イダニア、「歴史」、『ボエミア』誌、ハバナ、1999年7月2日。

第三章

移民の特徴

二十世紀最初の三十年間に、カリブ海と大西洋とメキシコ湾に面するキューバ(1)まで、はるばる日本からやって来ることは、財産を築こうという切望をもった何百という日本人にとって、冒険以外の何ものでもなかったかもしれない。そのころキューバ島は砂糖産業が一大発展を遂げていた。日本はひどい経済状況で、加えて人口は抑えようもなく増加し、仕事のない状態にあった。国内事情を緩和するために、政府は移民を奨励していた。

日本人がキューバにやって来る時の旅の環境は、金銭的な制約から、実に厳しいものであった。二十世紀の最初の二十年間には、二カ月にもおよぶ航海に耐えねばならなかったし、時には航海中に厳しい制約が課されることもあった。例えば、食事の質は最低で、供されるのは麦の混じった飯などということもあった。顔を洗うことができるのは午前六時以前のみ、洗濯は十日に一回でひとり二十分間が限度、という規制もあった。ソウジュウ・イトカズは、家庭の事情で三回キューバを訪れ、一九四一年二月三日にカマグエイのセントラル・ベラスコで亡くなったが、彼の経験によると、一九二六年ごろ、米国を経て日本へ行く切符は百六十五ドルだったという。当時は、百円が四十七ドルか四十八ドルに相当していた。

日本からキューバに来る移民の大多数は、パナマに到る海路を使った。パナマからハバナまではブランカ船団のハバナ積出し船に乗った。ハバナ港に投錨するまで、エクアドル、ベネズエラ、カラマレス、プリシマ、カルタゴ、トゥラルバ、ウルマなどといった名前の多数ある汽船で船旅を続けるのが一般的であった。旅にかかる日数は、全部で、パナマまでが三十から四十日、そこからハバナ港までが四、五日であった。

村や町出身の日本人の多くが、つらい体験の持ち主で、遠く離れて愛する家族を思い出すことによって、ようやくそのつらさが薄れるのであった。キューバへのこの長い旅では、同じ場所に向かう者たち同士で話をして、よく知りあうだけの時間があった。空いた時間を、将来に向けての準備に使う者もいた。タカト・ヨシダもそんなひとりで、彼は「辞書を携帯して、二カ月の船旅のあいだに、生活を独力で切り開いていくのに必要なだけのスペイン語を覚えたのでした」(2)。

別の移民で、一九二六年にキューバに来たモサク・ハラダは、子どものころに両親を亡くして兄弟とともに孤児となったが、山間にあった村での生活をこう記録している。

> 暮らしは非常に厳しく、父と母は、種をたくさん播きましたが、収穫はとても少なかったのです。その後両親は、われわれ子どもの食べ物を得るために、それは本当に苦労なことでしたが、たくさん稼がねばならず、昼も夜も働いても足りませんでした。家と、その脇に、ちっぽけな田んぼがありました。…そこにわずかながらの植付けをしました。そうした土地は、エーカー単位で支払いをしていました。…栽培していたのは米や小麦、燕麦、サトイモ、ジャガイモ、茶、黍、巴旦杏《はたんきょう》でした(3)。

キューバに来た初期の移民たちは、日本から直接ではなく中米の他の国からやって来たのであったが、優れた「開拓者」として役立ち、このカリブ海の島への移民を奨励する素晴らしい宣伝者となった。彼らは、一九一五年以降にやって来た者たちと違い、異なる気候のなかでの馴染みのない仕事であるサトウキビの刈り取りやその成育の世話などというきつい労働に従事したのではなく、さまざまな品物を扱う商店や小規模の商いなどの仕事をはじめたのであった。彼らは、悪くない賃金のきちんとした職や商売、仕事を、しっかり確立したいと考えていた。

一九二〇年のキューバの「砂糖ブーム」、いわゆる「百万人のダンス」といわれる超好況への大きな上げ潮が来ると、日本人移民は散発的でなくなり、集団で雇われて到来するようになった。その多くはつらいサトウキビ栽培労働のために来た者で、工業部門の労働のためにやって来た者はごく少数であった。一九二〇年代いっぱい、この状況が続いた。

かなりの数の日本人がある程度の貯蓄をつくって日本へ戻ったということは特筆に価する。それをみた他の人たちは、キューバに行って運命を試そうかという気にさせられた。しかし、「百万人のダンス」が繰り返されることはなかった。

日本に、キューバの砂糖産業のために労働力が必要であるという知らせが届くと、ある者は単独で、またある者はすでにキューバに定住していた家族や知人に促されて、その他の者はユナイテッド・フルーツ・カンパニーのような北米の仲介業者を通じて渡航し、砂糖生産地で働くようになった。

日本人移民の契約方式は、ハイチやジャマイカなど、他のカリブ海地域からキューバに導入された労働力に対してのものと特に違いはなかった。カリブ海地域の人々は日雇い労働者として知られており、一九三〇年までに二十万人以上がこの仕事のために、キューバのさまざまな港に到着している。

彼らのサトウキビ農園での定着率に比べて、日本人のそれは相当低い結果となった。理由は単純で、熱帯の猛暑と、また、日本人にはサトウキビの刈り取りの経験がなかった（おそらくほとんどの日本人にとってこの植物をみるのは生まれてはじめてだったろう）ためである。とりわけ仕事のきつさのせいで、日本人は、肉体条件にあう別な仕事を探さねばならなくなっ

キューバ、トリニダー近郊のサトウキビ畑。

た。多くの日本人にとって、サトウキビ畑の整地や雑草刈りなどは無理で、ましてや刈り取りは不可能であった。製糖工業の部門で生計を立てた者は長く留まったが、農業部門ではそうならなかった。

農業部門で働いていた移民の多くは、別の仕事に活路を見出さなければならなかった。例えば、アントニオという名で知られるカイチ・スギモト〔杉本嘉二〕(4)は、ハティボニコからタグアスコ〔いずれもサンクティ・スピリトゥス州〕に移り、床屋を開いた。この仕事に、キューバでの名をエレナという妻のミツギ・ニシモトも加わり、子どもの客を担当した。一九二〇年代の終わりごろにイスラ・デ・ピノスに暮らしていた約三百人の日本人のうち、ハラダ家、クボ家、ミヤサカ家、ワカフジ家、オオゴシ家などの、移民の先駆者で生活を十分に確立させていた家族を除き、多くの者がこのような途をたどった。

キューバの移民流入という現象は、一九二九年にはじまった経済危機をきっかけに、かなり落ち込むことになる。事実、一九一九年から一九三一年のあいだには五十九万八千九百六十六人の外国人がやって来たが、一九三一年から一九四三年では二万五百五人にすぎない。この期間には一方でかなりの移出がみられる。

キューバの日本人社会の名士にして経験豊かな人物であり、一九二八年三月二日にキューバに来て、一九七六年から一九九〇年までキューバの同国人の代表を務めたゴロウ・ナイトウは、私たちに、トミイチロウ・オガワ〔小川富一郎〕という日本人労働者の請負人が果たした役割について語ってくれた。彼は、キューバに製糖工場をもつ北米資本と提携してこの業務を行なっていた。また、ケイタロウ・オオヒラも同じ仕事をしていたという。オオヒラは、ナイトウがハバナに到着した時、未成年だったので寛大な扱いをしてくれた人物であった。

ゴロウ・ナイトウの旅券の写真。ハバナに上陸した年齢である19歳当時のもの。

オガワが日本人労働者のキューバ移入の仕事をはじめたのは、一九一六年三月二十三日、北米資本が所有するシエンフエゴス州のセントラル・コンスタンシアの農作業に編入される三グループ、七十二人の日本人を仲介したのが最初だった。

この移入は、当時メキシコに住んでいたオガワが、セントラル・コンスタンシア（現在のギジェルモン・モンカダ）の支配人ヘンリー・M・レミーに提案した計画によるものであった。目的は、サトウキビの植付けと刈り取りを行なう日本人居留地の創設であり、そのためにオガワに、カルメリタという地帯にある二十五カバジェリア［一カバジェリアは約十三・五ヘクタール］の土地が渡されていた。土地は、三年後に農業労働者の所有となる予定だった。この計画では、日本から百人の移民が連れてこられる約束で、北米側は旅費を負担することになっていた。

オルキタ［シエンフエゴス州］のサトウキビ居留地で達成がもくろまれた目的はさまざまであったが、オガワが日本で一九一六年に結核で亡くなったため、ついに果たされることはなかった。一方、そこに入った移民は、なんとか食べていけるだけのものしか得ることができなかったため、計画されていたような居留地も協同組合もつくられることはなかった。彼らの多くは事前に知らせることなく土地から逃げ出した。とはいえ、そこでずっと働き続ける者や、もっと近くの町に最終的に定住する者もいた。オルキタに入った日本人たちは、福岡県の出身である、サトシ・エノモト［榎本惺］を指導者としていた。

日本人は、土地を耕すのに、蒸気機関用の薪を使っていた。これについて、エノモトの娘リタ・トミは次のように語っている。「一本をもう一本の前に、でも横向きに設置して、だいたい四分の三バラ（当時使われていた単位）の深さまで土にもぐらせたまぐわ、つまり刃を引いたのです。」

サトシ・エノモトは、その他の日本人とともにシエンフエゴスに定住した。キューバにはじめて来たのは一九一六年であった。その後、一度日本に戻ってキヨ・サクラと結婚し、夫婦でシエンフエゴスに帰ってきた。この町で、キイチ・オガワ［小川喜一］の援助を受け、商店「ニッポン」を開き、日本から輸入した玩具などを売ったが、一九二一年以降にキューバを襲った経済不況のために、まもなく店を閉めなくてはならなくなった。オルキタに移ったのはその後である。

以上までをみてわかるように、カリブ海地域からの日雇い労働者と同様に日本人も、サトウキビ農場からの逃亡、特に夜逃げの主役となり、生きていくためにさまざまな土地を巡り歩いた。彼らの多くは、別の仕事に就いて生活を安定させていた日本人から援助を受け、これが決定的な助けとなったようだ。

多くの町で、庭師や日雇い、料理人、漁師、宝くじ売りなどとして働く日本人の姿がみられるようになりはじめた。必要にかられ、彼らは、それまで考えもしなかった仕事を行なうようになった。日本人は、キューバ人やその他のカリブ海地域の人間とともに、港湾建設や鉄道の修理や維持管理などの分野で助手の地位を占めるようになった。デンスケ・イハ［伊波伝介］(5)の例は非常に興味深い。コンダードの土地で契約農民として六カ月過ごした後、シエゴ・デ・アビラに移り、理髪師の仕事を覚えた。彼の師匠もシンゾウ・ナカノ［中野新蔵］という日本人であった。デンスケ・イハは、自分の知識を妻のウトと息子のマヌエルに伝えた。ナカノから借りた金で一九三九年にハティボニコに床屋を開いたが、その後イスラ・デ・ピノスに勾留され、一九四六年一月二十一日に解放された。

場所を移動しながら職を転々としなければならなかった多数の日本人のひとりに、後にセントラル・バラグアの日本人社会の代表になったゴヘイ・アラカワ［荒川伍平］がいた。とはいえ、一九三〇年から一九四〇年にかけて彼がそうなる以前、彼は、トリニダーのセントラル・オルキタの発電所で保線工夫として働いていたのだ。ところが、足を負傷したためその仕事を続けることができなくなり、シエンフエゴスに移って雑貨を売った。そこからセントラル・バラグアへ移り、庭師として働くようになった。

アラカワのこの道筋の一部を逆にたどったといえるのが、岡山県出身のヒロト・タンバラ［丹原洋人］(6)の変遷である。はじめ彼はサンクティ・スピリトゥスおよびトリニダーに住んで、これらの町で農作業を行ない、氷菓子を販売した。一九三四年、シエンフエゴスに居を構え、サンタ・ロサ農園の諸施設担当の仕事と牛乳販売所の仕事をした。一九三八年にセントラル・バラグアへ移り、日本人シンペイ・シマザキ［島崎新平］が所有する食料雑貨店で働くようになった。そしてその二年後にシエンフエゴスに戻った。

一九二四年にキューバに来たカンジロウ・マツモト［松本勘次郎］[7]の場合、イスラ・デ・ピノス、バタバノ、ハバナ、シエンフエゴス、バネスで仕事をし、その後セントラル・プレストン（現在のグアテマラ）で就労した。バネスとセントラル・プレストンでは庭師として勤めた。

スゲグマ・マツナガ［松永末熊］[8]は、イスラ・デ・ピノスを目指してやって来た移民であったが、そこで何年も農業労働に従事した後、ハバナ州の南方、バタバノの町に移り、そこにつくられた農業組合を指導し、人生の大半をクレソン栽培[9]に従事して過ごした。彼のつくった家庭は、バタバノに定住した唯一の日本人家族になった。

カンジロウ・マツモト［松本勘次郎］と妻のクロティィルデ・トルヒージョと末息子のイタル（中央）。オリエンテ州マヤリのセントラル・デ・グアテマラにて撮影。

新潟県出身で、一九二一年からキューバに暮らしたユウジ・チクイ［築井勇次］[10]は、高卒の学歴をもち、サトウキビ農場で働いていたが、その後、ハティボニコやバラグア、セスペデス、シボネイなどといったさまざまなセントラルで、電気技師助手として働いた。電気学を熱心に学んで知識を高め、一九三一年にはカマグエイ発電所で働くようになり、ついにはカマグエイ発電所の所長にまでなった。チクイはキューバを「天国のような気候の島」と呼んだ。

メキシコで農業労働者として働き、後にハバナで商人となったケイタロウ・オオヒラは、日本の「海外興業」社の代理人を務め、ラス・ビジャス［現在のビジャ・クララ州］やカマグエイの地にあった大規模製糖所に労働力を供給した。一九二四年から一九二六年までのあいだに行なわれたこの取引により、四百人近い日本人がキューバの地にやって来たと推測される。トリニダーの町に近いサトウキビ農園に、到着してまもない移民たちを収容する場所があった。

これらの日本人が従事しなければならない仕事（前述のサトウキビ労働）が過酷だったことに加え、一般に、食事や生活条件は最低であった。さらに、日本からの渡航費用を弁済するために給料から天引きされた。そのため、どんな日本人の日雇い労働者にとっても、三カ月間または六カ月間の勤続契約を完遂することが不可能になっていた。しかもその時期、国際市場での砂糖価格は下落してしまっていた。

キューバへの日本人移民のプロセスでポイントとなる局面は数々あるが、なかでも、一八九八年に十人に満たない数の日本人男女がハバナに到着したことは、その後、日本人の個人もしくは少人数での渡航が拡大に向かうことの、決定的な第一歩となっている。

日本人による移民は、間違いなく、停滞や大きな下落を蒙る時期を周期的に経てきている。資本主義の経済危機とはそういうものであり、社会的経済的にきわめて大きな影響をおよぼし、とりわけ、日本人移民がその一部に編入されていたキューバ社会の最下層階級に対する影響は甚大であった。このような状況のため、キューバに暮らす日本人のうちある程度の人数が、日本やアルゼンチンなどに出ていったものと思われる。

当然ながら、この危機はまた、雇用対策にも影響をおよぼした。大衆の人気取りのために、キューバ政府は、当時外国人が占めていたいくつかの仕事をキューバ人が行なうべきであると決めた。このため例えばこんなことが起こった。日本人の床屋（そのうち多くは女性だった）やポーランド人の床屋に、難解な試験が課された。こうした床屋は、一般に、客の扱いやサービスが良いため、いつも満員であった。明らかに有能であった。しかし結果は思いがけないもので、外国人は試験に合格しなかったのである。

このため、米国のニューヨークにあった日本領事館からキューバ政府に対してクレームがつけられるという事態に至り、数カ月後、試験は変更されて柔軟なものとなり、多くの日本人が合格した。しかしながらこの時期、おそらく領事館が取った処置を知らなかったためだろう、不合格となった者のなかには別の仕事を探した者もおり、また、ある程度経済的余裕のある者のなかには、船賃を払って移出していった者もいた。

この状況は、ラモン・グラウ・サン・マルティン政権[11]が一九三三年十一月八日に公布した五十パーセント法によってさらに悪化した。「職の国民化」法として知られる法律である。失業が引き起こしている国内問題を解決するためのものであると宣伝された同法は、各事業所に対し、全従業員のうち少なくとも五十パーセントはキューバ人を雇用しなければならないと定めていた。

その他の措置としては、カリブ海地域の日雇い労働者の導入禁止や、黒人と黄色人種の移民の禁止などがあった。前者については、一九三三年十月二日付けの官報で公示された制令二二三二号に基づき、ハイチ人とジャマイカ人の強制送還が行なわれた。

次の段階は、日本人にとって最も悲惨なものであった。第二次世界大戦が勃発し、二世九人を含むおよそ三百五十人が、敵として監獄に送られ、イスラ・デ・ピノスに収容されたまま三年間を過ごさねばならなかったのである(→第十二章)。

日本人の移民は、すでに述べたように、一九四六年以降ごく少数となる。日本人同士での結婚によって子孫の数は増加したが、それ以上に、日本人男性とキューバ人女性、後には日本人女性とキューバ人男性との結婚によって増えていった。

日本人の足跡の残されていないキューバの州はない。内閣が一九七六年七月三日に制定した法律第一三〇四号により政治行政区域の分割が実施され、十三の州とイスラ・デ・ラ・フベントゥ特別自治区、首都ハバナ市になったが、この分割の後も同じことがいえる。日本人の末裔は、これらすべての地域に存在しているのだ。

（1）キューバ諸島は広さ計110、922平方キロメートル。一番大きい島はキューバ島で、105、007平方キロメートル。次に大きいのはイスラ・デ・ピノス島で、2、199平方キロメートル。キューバ領には全部で3、715の小島がある。このなかで最も大きいのはロマノ島とココ島で、ふたつともカマグエイ州にあり、広さはそれぞれ926平方キロメートルと370平方キロメートル（データは、キューバ科学アカデミーおよそソ連科学アカデミー作成「キューバ国内地図帳」、1970年、ハバナ。付録情報データの項からのもの。）

（2）タカト・ヨシダの娘、エスペランサ・ヨシダ談。ハバナ、2000年8月。

（3）アントニオ・ヌニェス・ヒメネス博士によるモサク・ハラダへのインタビュー。イスラ・デ・ピノス、1970年代（両者がメロンを食べながら話をしている写真がある）。

（4）ハバナ到着は1925年。日本は熊本県の出身。1994年に89歳で死去。

（5）1893年1月8日、日本、沖縄県に生まれる。キューバには1924年4月1日に到着。1977年6月27日、84歳の時、75歳の妻を伴い、日本に戻った。デンスケは92歳、妻のウトは104歳で亡くなった。

（6）1900年10月4日、岡山県生まれ。1959年2月7日、ハバナで死去。

（7）熊本県出身、1892年12月12日生まれ。1989年7月28日に、96歳で、セントラル・プレストン（グアテマラ）にて死去。

(8)マツナガは熊本県出身、1899年9月15日生まれ。1925年10月25日にキューバに渡り、イスラ・デ・ピノスでキューバ人女性と結婚、二児をもうける。1976年4月10日、死去。

(9)「アブラナ科のよく知られた植物。サラダによく利用されるが、咳止め用の薬としても使われる。川沿いの水のたまった所に生えるが、十分な潅水を行なえば乾燥地でも栽培できる」(『キューバの俗名植物辞典』、ファン・トマス・ロイグ・イ・メサ博士、第I巻 p174 第3版、サンティアゴ・デ・ラス・ベガス農業試験場、国立農業改革研究所、1962年。)

(10)キューバ到着時は18歳。1903年9月9日生まれ。48年間連れ添った妻のナミは1995年12月8日に死去。彼は1993年5月29日に死去した。

(11)1881年生まれ、1969年死去。1933年-1934年および、1944年-1948年にキューバ大統領を務めた。

第四章

イスラ・デ・ピノスにおける日本人の定住
ハラダ家とその他の家族

一八九五年から一八九八年にかけての［スペインからの］独立戦争の終結時、キューバはアメリカ合衆国の一部として軍事占領され、［米軍は一九〇二年に一応撤退したが］イスラ・デ・ピノスの地(1)（一五二九年の地図にはこの名前で掲載されているが、クリストバル・コロン［コロンブス］は一四九四年六月、サン・ファン・ラ・エバンへリスタと名づけた）は、その後一九二五年まで北米領のままであった。アメリカ合衆国内務省の土地総括事務所が一八九九年に作成した地図には、キューバ諸島で二番目に大きい、面積二千百九十九（現在のデータでは、二千二百四・五）平方キロメートルのこの島は、米国の一部として記載されている。

一九〇四年三月四日に署名されたヘイ－ケサダ条約は、一九二五年三月十三日になってからアメリカ合衆国議会上院の批准を得た。このあいだ、何年間もに渡りキューバの主権はさまざまに傷つけられてきたが、この批准により、イスラ・デ・ピノスはついにキューバ領となった。これには、大衆動員や、ドン・フェルナンド・オルティス(2)、エミリオ・ロイグ・デ・レウツセンリング(3)などといった才能あるキューバ知識人のまっすぐな行動が大きく寄与した。

一八九九年に米国の戦争局が作成したキューバの人口調査結果をみると、イスラ・デ・ピノスの人口は三千百九十九人で、そのうち二千九百九十人はキューバ人、百九十五人はスペイン人、残り十四人の国籍は米国人を含めさまざまであった。米国人の数は、十人に達していなかった。キューバの人口は当時、百五十七万二千七百九十七人であった。

イスラ・デ・ピノスをめぐる論争では、米国への合併論者が強力に陣を張った。自分たちの利益のために、米国政府がこの島を戦略的に高く評価したのに迎合したのである。このようにして両者の利害が結びつき、一致した。すなわち併合を目指したのである。数多くの米国企業がこの島で活動をはじめた。最初は、一九〇〇年のアイル・オブ・パインズ社で、続いて、ザ・サンタ・フェ・ランド社、ジ・アルマシゴス・スプリング・ランド社、ジ・アイル・オブ・パインズ・ランド・デベロプメント社などが活動を開始した。間もなく、ジ・アイル・オブ・パインズ・アピール紙が、これら企業の代弁者となった。(4)

これらの会社は本社が米国にあり、一エーカーが二・五ペソという捨て値だった時に土地を購入して、それを二十ペソで販売した。広告には規制も秩序もない状態が拡大し、そのため、買った土地に居住しようとやって来たらその土地がすでに売られてしまっていたというケースや、そんな土地は存在していなかったというケースが起きるほどになった。それは、同じ米国人のあいだでの紛争であった。

一九二五年にヘイ－ケサダ条約が批准される以前、イスラ・デ・ピノスの土地を小区画でも購入する日本人はほとんどいなかった。大半は土地を借りていた。一九二五年以降は、米国人やキューバ人から、土地をさまざまな規模で購入する日本人が増加し、各種農作物の栽培を行なった。

同条約が批准される二カ月前には、イスラ・デ・ピノスに五百人以上の米国人がいた。一年後、一九二六年のサイクロンが島を強襲し、米国人の所有する土地や作物に被害が出ると、相当数の米国人が移住していった。一九三一年には米国人の数は合計で百四十五人、そのほとんどが土地所有者であった。

野菜や柑橘類などさまざまな作物に適した土壌の土地の、この大規模な植民地化の過程では、種々の大陸出身の非常に多様な移民が発生した。米国人はもとより、日本人やカナダ人、スペイン人、英国人、ハンガリー人、ブルガリア人、ポーランド人、ルーマニア人、スイス人、オーストリア人、フランス人、オランダ人、イタリア人、スウェーデン人、ギリシャ人、およびその他の国の移民がいた。もちろん、ジャマイカやグランド・カイマン〔ケイマン諸島最大の島〕など、カリブ海地域からの移民も数多い。こうした国籍の巨大なモザイクのなかに、十九世紀から中国人も存在していた。

日本人がやって来るようになったのは一九一〇年代の後半からであったが、イスラ・デ・ピノスに入った最初の日本人としてその名が挙げられるのが、カツオ・ミヤギ〔宮城勝〕[5]である。フアン・コリナ・ラ・ロサ[6]による研究論文、「イスラ・デ・ピノスの日本人」には、一九一五年、この島に定住した最初の日本人として、この地域の国籍記録簿にあるタダシ・ヨシザワの名が挙げられている。その五年後の一九二〇年に、日本人は百二十二人を数え、その分布は、サンタ・

バルバラの町に五十六人、コロンビアに三十一人、マッキンレイに二十人、サンタ・アナに十五人であった。

そのため、ヨシザワ姓の他、オカダやミナト、カガワ、ヤマクラ、タマシロ、フクナガ、ベップ、オガワなどといった姓もよく知られるようになった。一九二六年からは、サトウ、ハラダ、クボ、ササキ、トクナガ、ワカフジ、ミネイ、ツハコ、セザイもやって来た。

コリナ・ラ・ロサの調査には、その他にも興味深いデータとして、イスラ・デ・ピノスに来た最初の日本人女性たちの名が挙げられている。彼女らは先に挙げた日本人のうちの何人かの妻としてやって来たもので、モサク・ハラダの妻ケサノ・ナカシマ、サダジ・ベップ［別府貞治］の妻カナ・カワハニ、ススム・ウチヤマ・オガワの妻シボリ・ノナカ、センマツ・ツハコ［津波古千松］の妻マツ・オオシロがいた。

イスラ・デ・ピノスの米国人植民者や農場経営者の数はおよそ三千人に達し、大部分は柑橘類の栽培・収穫に従事していた。柑橘類は、気候条件から、米国で生産されない季節に収穫されるため、米国市場に輸出されてかなりの利益を生んだ。

その他、一九一三年ごろにキューバにつくられた米国人植民者の居住地としては、カマグエイの町グロリアと、ピナール・デル・リオの町エラドゥーラがあり、そこで柑橘類の栽培が進められた。カナダ人も、米国人より短期間ではあったが、キューバの東部バルトレの町で、柑橘類栽培を行なった。

ヘイ－ケサダ条約が発効すると、米国の植民者や企業は、米国に転出しはじめた。その多くは所有するもの――とくに土地――を希望者に売却したり賃貸したりした。その対象となったなかに、日本人もいた。

こうした日本人は、ヌエバ・ヘロナで商業に従事していたワタル・カガワ［香川渉］のケースを除き、農業に従事していたが、柑橘類の箱詰めの仕事をしていた者だった。

土地を借りていた日本人のうち何人かは、未耕作地の開墾に着手し、ピーマンを植えた。ピーマンは五カ月で収穫され、ニューヨーク市場に輸出されてかなりの利益を生んだ。

年月が経ち、仕事や家庭が落ち着いてくるにつれ、日本人は、生産努力や集団的進歩の見通しを保証してくれるような組織のかたちを模索しはじめた。こうして一九三三年から一九四一年にかけての期間「イスラ・デ・ピノス日本人農業組合」が運営され、日本人の生産者がまとまって、収穫物をより好条件で米国に輸出した。それ以前、一九二八年にイスラ・デ・ピノスでは大旱魃があり、多くの日本人が収穫を失って破産しており、農業を他の日本人と共同で行なうか、もしくは、仕事を探してキューバ島に移るかを余儀なくされていたのであった。

イスラ・デ・ピノスにできたこの最初の日本人農業組合では、一九三九年まで、農産物の商品化の幹事をゴロウ・ナイトウが務めていた。この組合には七十人以上の生産者が所属していた。

同じ時に別の組合もつくられ、先に述べた期間、キューバが第二次世界大戦に参戦するまで、活動を行なった。この組織は十六人で構成され、トメハチ・カボ・コバヤシ［小林留八］が代表だった。両組合は、量的・質的に競いあいながら農産物を、主としてニューヨークの米国市場に輸出する米国の業者に販売した。キュウリやピーマン、ナス、食用ハイビスカスなどが市場に向けて送られた。米国の代理業者が各農地をまわって、生産者から契約した分を収集した。生産者にはそれぞれを特定する番号が付いていた。代金は、かかった費用を差し引いた後、清算された。

第二次世界大戦が終わった時、イスラ・デ・ピノスの土地は一カバジェリア［約十三・五ヘクタール］当たり五百ペソ近い値で売れた。後に価格はさらに高騰し、所有者は利益を得た。

第一期には、寒い時期に米国の市場では野菜の値がよいと知ってすかさず、何人かの日本人がさまざまな広さの土地を購入した。そうして、トウガラシやトマト、ナス、キュウリの栽培を集中的に行なった。こうした作物は五、六カ月で収穫された。一年の残りの期間は別な仕事に就き、自家消費用の漁業も行なった。一日の仕事は午前七時から七時半のあいだにはじまり、昼まで続けられた。その後、午後二時ごろに再び仕事を開始し、夜になるまで働き続けることも多かった。ハラダ家および何人かの人たちは、非常に早くからシロップのように甘いメロンの播種をはじめた。また、十フィート［約三メートル］間隔で植えることで、七十から八十ポンド［三十二から三十六キログラム］の重さに育つものもあることが知られるようになり、多くの人を驚かせた。これらもやはり、シロップのように甘かった。日本人は、一度の栽培で二回も三回も収穫があるのをみて、満足を覚えた。日本では一回しか収穫できないのだ。

キューバで日本人移民に生じていた離散のなかで際立っているのは、モサク・ハラダの名前である。一九〇四年十一月二十四日に福岡県で農民の両親のもとに生まれた彼は、イスラ・デ・ピノスの日本人社会のなかで最も傑出した人物のひとりとなった。彼は、小学校の恩師イバオ・ツツミとフジロウ・アカホシの名と、福岡県八女郡田代にあった小学校（→P88）の場所とを、いつまでも忘れることがなかった。

ハラダは姉の勧めでキューバにやって来た。こちらのほうが、仕事に就き、土地を所有できる可能性が大きいと考えてのことであった。一九二五年、二月二日に楽洋丸で日本を発ち、ハワイ、サンフランシスコ、メキシコ、パナマに寄港して、四月六日にハバナの港に着いた。カマグエイの地で働いた後、イスラ・デ・ピノスに移り、農業に従事した。一九三〇年か一九三一年のころ、友人のモトキチ・ヤマナシ〔山梨元吉〕(7)から賃借のかたちで農場を受け取った。その時ヤマナシは、かなりのたくわえができて日本への帰国が決まっていたのだ。

ハラダの妻は士族の娘で、日常の禁欲主義などの倣うべき規範を示して、大家族の要となった。彼女、ケサノ・ハラダ(8)は、モサクとともに土地を耕作していた別の日本人の娘で、この日本人がハラダに娘の写真をみせ、間もなく代理結婚式が挙げられた。ハラダは、キューバに来る旅の途中のケサノを、パナマまで迎えに行った。

第二次世界大戦の期間、イスラ・デ・ピノスの収容所に送られるまでに、ハラダ夫妻には六人の子どもができた。一九四七年以降、一家にはさらに六人の子どもが誕生した。モサクは、亡くなるまでずっと、ラ・フェの町の土地に暮らした。イスラ・デ・ピノスとキューバに対する彼の愛は非常に深く、「……キューバに勝る地は、私にとって地球上のどこにも存在しない」[9]とまでいっていた。

規律や敬意、誠実さ、そして仕事に対する愛情が、どれほど日本人の生活の真髄になっていたかが、ハラダ家をみるとよくわかる。ハラダ家の下の娘たちのひとり、ヘノベバ・ミエコの話を下敷きにして、私たちはこのことをしかるべく理解することができた。

モサク・ハラダとその妻のケサノ・ハラダ。1982年に日本を旅した時の写真。

イスラ・デ・ピノスでは日本人家庭のあいだに非常に親密な関係が育っていった。他の国籍の人間がいるなかで自分たちのアイデンティティを保つ方法だったのだろうと思われる。親密な関係を育てるのに、キューバ島と比較してイスラ・デ・ピノスが小さかったという事実がプラスの要素となった。このおかげで、まとまりを強化するコミュニケーションを頻繁にもつことができたのである。彼らは集団として、発展して、生活と未来の質を変えていこうという意識をもっていた。

ハラダ家の子どもたちは、正直と勤勉という原則のもとに教育された。経済状態が良くなった時でも、子どもたちは相変わらず、ハラダ家の母のいう、勉学を積めば土地に依存しなくてもよくなる、という原則のもとで育てられた。ケサノにとってそれほど、野良仕事は過酷だったのである。

ハラダ家において、食事の時間は事実上、一種の儀式であった。食卓に着く時は、まず男性が着席し、続いて女性と子ども、そして最後にハラダ夫人が着席した。食卓には、新鮮な生魚、塩味のないコメ、野菜が欠かせなかった。豆は甘く調理されていた。野生の黍の新芽も食べた。

ハラダ夫妻の子どもたちは躾により、学生だからといって農業労働をしなくていいわけではないと、しっかりと自覚していた。土曜や日曜、休暇の期間などには当然のように、農作業を手伝った。彼らの母は、子どもの誰かが畑にいるあいだは、自分もずっと畑で働き続けた。

日々食べていくために何年も働かなければならず、そのため教育を受ける機会がなかった年長の子どもたちのために、ハラダ家では、日本人の教師、サブロウ・ミヤサカを家においた。ミヤサカは、スペイン語、算数、日本語の授業を行なった。彼は家族の一員とみなされた。晩年、彼は亡くなるまで庭師として働いた。

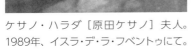

経済状態が悪化した時や、もっと後年になっても、ハラダ夫人は、自家消費用に野菜の種をまき、収穫するという仕事を止めなかった。男たちとともに欠かさず畑に出た。しかも毎日、農作業に出る前、朝早くに、昼食の支度をし、皆が午睡に入ると縫い物を、最初のうちは小さな子どもたちといっしょに行ない、布を買って服を仕立てた。

ケサノ・ハラダ［原田ケサノ］夫人。1989年、イスラ・デ・ラ・フベントゥにて。

子どもたちが大きくなると、ハラダ夫人は読書を好んだ。禁欲的で、加えて意志が強く物静かであった彼女は、独学でスペイン語を学んだ。ハラダ夫妻は、子どもたちに日本に伝わる古い歌を教えたりして、子どもたちの幼少期を楽しんで過ごした。

ハラダは、イスタ・デ・ピノスの日本人社会の他の仲間たちを尊重しており、常に、日本人仲間の文化活動を組織する最も活発な人物のひとりであった。この活動のなかには、毎月恒例の遠足などがあった。彼は、若者が年齢に応じて必ず参加しなければならない水泳競技を組織し、賞を与えた。

ハラダの人間的文化的感性についてみる時、彼が、通っていた小学校とのつながりをずっともち続けたことを考えてみるべきであろう。何年にも渡りハラダは、ウミガメやワニ、イグアナ、ボア〔無毒で大型のヘビ〕など、イスラ・デ・ピノスで捕まえた動物を剥製にして、定期的に小学校に送った。

こうしたキューバの自然からの贈り物で、この小学校には小さな陳列室がつくられ、前述の動物が展示されている。そこにあるのは、自分がかつて通った学校の子どもたちに対する、ハラダの情愛の表現である。それはあたかも自分がその時も、愛する村の学校の生徒のひとりであると感じているかのようなものであった。

ハラダはその貢献によって、タシロ小学校[10]から、テツシロ・イリエ校長の署名の入った感謝状を送られた。イリエからハラダに渡された日本の書には、ハラダの記した文章からとったらしく、このように書かれている。「愛する祖国を後に、感傷を振りきり、意を固めて、今一度私はキューバに旅立つ。たくさんの誠実な友人が私を迎えてくれる場所、私の愛する子どもたちの育つ場所、その地で生きるために旅立つ」[11]。

ハラダは文化的感性の持ち主であっただけでなく、インテリであり、農業生産者として秀でていたという以上の美質を備えていた。一九五〇年代、彼はある文学賞に応募して、NHKラジオ賞を獲得し、正絹でできた美しい賞品をもらった。今は彼の娘へノベバ・ミエコ・ハラダが大切に保管している。

彼がたいへん献身的に奉仕活動を行なったことは忘れておらず、今も尊敬されている。これは、一九五〇年代から一九九〇年すぎまでの、イスラ・デ・ピノスの日本人協会の代表だった時のことで、彼の人生はこの時期、以前にも増して同国人を世話することに向けられた。具体的には、病人を見舞って、病のためにできないでいる緊急の用事を片付けたりした。すべては、彼の偉大なヒューマニズムのあらわれであった。

(1) イスラ・デ・ピノス〔松島〕は、キューバで第11回「若人と学生の祭典」が催された1978年8月2日から、イスラ・デ・ラ・フベントゥ〔青年の島〕と呼ばれるようになった。公布演説は、元イスラ・デ・ピノス監獄において、人民権力国民議会の副総裁ラウル・ロア博士によってなされた。名称の変更は、この島に住む若年人口が高いパーセントにあることと、彼らに託された発展計画に基づいている。2000年の人口は8万人で、平均年齢31歳である。

(2) 1881年生まれ、1969年死去。キューバの民族学・民俗学者。1915年〜1925年に下院議員を務める。キューバにおける民族学研究の基礎固めに尽力し、著書に『タバコとサトウのキューバ的対置』(1940年)、『キューバのフォルクローレ音楽のアフリカ性』(1950年)などがある。

(3) 1889年生まれ、1964年死去。キューバの歴史家。とくにハバナ市の歴史についての第一人者。

(4) アルバレス・エステベス ロランド、『イスラ・デ・ピノスとヘイ‐ケサダ条約』、社会科学出版、キューバ書籍協会、ハバナ、1972年。

(5) イスラ・デ・ラ・フベントゥの歴史家、ファン・コリナ・ラ・ロサが詳述しているように、カツオ・ミヤギは、イスラ・デ・ピノスの土地に足を踏み入れた最初の日本人であった。農業をして働きながらそこで8年間を過ごし、その後ハバナに移った。日本へ帰ることを決意して、3年後に日本に向かった。沖縄の生まれで、メキシコからキューバに渡った。

(6) コリナ・ラ・ロサ ファン「イスラ・デ・ピノスの日本人」、イスラ・デ・ラ・フベントゥ、2000年1月。この論文は、到着、強制収容所、日本人社会、革命の4章に分かれている。序章と結章が付いている。冊子体裁。

(7) モトキチ・ヤマナシは静岡県出身。1915年にキューバに渡り、1928年にはイスラ・デ・ピノスのコロンビアに近い土地にいた。ハラダは小作人として、ヤマナシといっしょに何年も働いた。

(8) 1992年12月11日に死去。モサク・ハラダは1999年1月13日に死去。

(9) モサク・ハラダとのインタビュー。イスラ・デ・ピノスにおいて、アントニオ・ヌニェス・ヒメネス博士による。

(10) 田代小学校は2007年に黒木西小学校との統合により閉校。

(11) モサク・ハラダとのインタビュー。イスラ・デ・ピノスにおいて、アントニオ・ヌニェス・ヒメネス博士による。

第五章

竹内憲治　花卉栽培家・園芸家

ケンジ・タケウチ［竹内憲治《としはる》］は、一九〇一年、広島の上流階級の家庭に生まれ、大阪の高等学校［現在の大阪府立園芸高等学校］を卒業した。

三十歳の時彼は旅に出た。米国まで行って、ニューヨークのコーネル大学で植物学の上級課程を学ぶはずであった。しかし、一九三一年一月十四日、船がハバナの港に寄港した時、米国行きをひとまず中断しようと決めた。キューバ島にある熱帯の植物相を知ったのがその動機であった。キューバに留まり続けることは彼の計画になかったのだが、不慮の出来事により最初の予定が変更されることになった。繰り返し病気にかかり、それが原因で出費がかさみ、米国へ旅するのに十分なだけの金がなくなったのである。

タケウチにとって、ゼンタロウ・イグチ［井口善太郎］と再会したことが大きかった。イグチは一九一三年にキューバに渡り、一九三一年六月七日、結核に罹りハバナで亡くなった人物であり、ハバナのモンテ街で小さな店を経営していた。イグチと神戸港で知り合っていたタケウチは、イグチの住宅の一部屋に逗留した。

タケウチは、フリアン・アクーニャ・ガレをはじめとするキューバ人の植物学者らと交流をはじめると同時に、就職活動を開始した。その結果、バラデロにあった邸宅「ラス・アメリカス」に庭園顧問の職を得た。この邸宅は、米国やその他の国にある化学工業の株主である大資産家の米国人、デュポン家のものであった。この仕事には、一九四三年まで就いていた。

第二次世界大戦がはじまり日本が参戦すると、彼は、逮捕されないという保証をデュポン家から得た。しかし現実には、一九四三年、数百人の日本人とともにイスラ・デ・ピノスに収監された。デュポン家は約束を果たさなかったのだ。月給は監獄に送金されていたものの、タケウチはずっと、裏切られたと考えていた。

　四年以上もいた監獄を出ると、タケウチはその知識を使って、トマス・フェリペ・カマチョ博士のために働くことになった。一九五〇年代のはじめであった。博士は、ピナール・デル・リオ州のソロアに、美しく恒久的な庭園をつくろうと考えており、そのために、多くの国からさまざまな種類のランの購入を開始した。タケウチはまた、当時『ボエミア』誌の経営者であったミゲル・アンヘル・ケベドの農園でも、園芸家として仕事をした。この農園はワハイに近い町、チコにあり、彼はワハイに長年住

18歳当時のケンジ・タケウチ。キューバに旅する以前の、日本での写真。

むことになる。

タケウチがソロアのラン園で発展させた園芸学は、その技術面での基礎は彼が築いたものであり、非常に洗練されたもので、科学的な基盤をもっていた。また一方で、植物学上、植物フェノロジーとして知られている事象、すなわち、植物が一生のあいだにみせる一連の外観上の変化に関して、新しく一連の観察もなされた。彼は、植物の生理学上の休眠についての研究を掘り下げると同時に、キューバにおいてランの園芸を最も研究した人物であるとみなされており、他の専門家から多大な敬意を払われた。この仕事は、各段階で、相当の忍耐と繊細さを要求されるものであった。

この仕事のためにタケウチは、そこで一九四七年から働いていたホセ・ペレス・コルデロの力を借りた。タケウチの助手として働いたことでコルデロは、植物についてのタケウチの知識、特にランやキク、ユリについての知識を、大いに学ぶことができた。タケウチの研究業績は、外国の権威ある専門家らに認められ、頻繁に相互交流が続けられた。

こうした研究をある程度決定づけたのは、このラン園の所有者の要望であった。所有者は植物学者ではなかったが、キューバに自生するランのさまざまな種類をとりそろえ、キューバにないものは輸入して、一年を通じて常に花咲き乱れる庭にしなければならないと定めていた。すべては、生まれてすぐに亡くなった彼の娘を記念してのものであった。

タケウチは、商業向けではなく感傷をもとにつくられたこのソロア庭園に存在する植物の開花の研究という仕事に打ち込んだ。タケウチの仕事の対象には、さらに、外国から輸入する花について、産地がどちらの半球にあるか、冬咲きか夏咲きか、その他の条件はあるか、などを分析して、調べることがあった。米国やオーストラリア、イギリスなどの植物学者や園芸家と培っていた人脈を通じてタケウチは、美しさや開花時期、多様性や稀少性など、一般来園者の関心を引く要素を吟味し、品種を選んだ。

タケウチは、文法上の時制を時おり間違えはしたが、スペイン語に堪能であった。真面目な人物でほとんど口をきかず、規律については自分にも他人にも謹厳で、同時にたいへん熱心な研究者であった。一九五〇年代に、『ラン科植物キューバ協会誌』に多数の論文を発表した。この雑誌には、専門家や技術者、さまざまなラン園の栽培者が寄稿していた。当時でも彼は、信望ある植物生理学者として認められていた。おそらくキューバ国内には、彼のレベルに匹敵する者はいなかったであろう。

ソロアでの花卉栽培技術者としての業績のなかで特に傑出しているのは、一九五八年五月に上梓された、「『ピリア農場』ラン情報カタログ」である。このカタログには技術的科学的な面があるだけでなく、序文――これもタケウチが書いた――をみると、「ラン栽培に親しむ人々」に向けた普及的側面があることが分かる。

タケウチの編んだ「導入種・変種、および原産国リスト」、すなわち、一九五二年から一九五八年までに受け取った品種のすべてについてのリストをみると、仕事の几帳面さと、外国との学術的つながりに、驚きをおぼえる。これには、到着時に開花していなかった各種・変種の開花期、および必要な温度、湿度、光量が付記されており、さらに、根、生長の時期、開花した日付、休眠期も記載されている。

この美しい庭園で、彼は一九六二年か一九六三年ごろまで働いた。彼は結果的に、ミゲル・アンヘル・ケベドやホアキン、トリアスの農園で、いわば一種の花卉栽培の顧問のようなこともすることになった。ミラグロス農園においても同様であった。

キューバ革命が勝利して数カ月後、タケウチはセリア・サンチェス・マンドゥレイ(1)との会見をもった。「キューバ革命に自生した花」といわれるセリアは、高い人間的感性と自然に対する深い敬意とをもっていた。セリアはタケウチとすでに面識があり、花卉栽培者としての彼の仕事、特にソロアのラン園について、よく知っていた。

一九六六年から一九七七年までタケウチの個人秘書をしていたネリー・コンセプシオン・ラゴがよく記憶しているように、セリアはタケウチに、適切な土地を探すようにと指示した。そこに、灌漑設備や労働力を供給して、彼が研究を続け、かつ将来花卉栽培に従事することになる農業技師や技術者の卵に知識を伝える施設にするということであった。土地はタケウチ自身が選び、ワハイにある彼の慎ましい住居の奥にある農園の一部に決まった。[2] 花卉栽培実験センターの活動はその地で始まった。

セリアとの対話に関して逸話がある。キューバ人科学者オナネイ・ムニス・グティエレス[3]が語ってくれた、セリアから希望月給額を尋ねられた時のタケウチの回答についての話である。タケウチは、日々の最低限の出費のことだけ考えて、月に百五十ペソあれば暮らすのに十分だと答えたそうだ。このことからおわかりのように、彼はこうした機会に乗じることはなかった。しかし、セリアが、タケウチをソロア・ラン園の作業グループのメンバーと同等とみなすよう、キューバ科学アカデミーの総裁アントニオ・ヌニェス・ヒメネスに進言したため、アカデミーから十分高額な給料をもらえるようになった。

このアカデミーの決定によりタケウチは、サンティアゴ・デ・ラス・ベガス農業試験場で、キューバ人科学者フリアン・アクーニャ・ガレと揺るぎない親交を築き、しばしば相互交流を行なう機会を得ることになった。ガレは、タケウチの主要な指導者となった。タケウチは正確には植物学者ではなく、装

セリア・サンチェス・マンドゥレイ。

飾用花卉のトップレベルの栽培家であった。植物学といわれるものは植物について研究する科学で、花卉栽培は植物学の応用分野のひとつである。

この他にセリアが、痩せた中背の人物であるタケウチに委ねた任務としては、一時、シエラ・マエストラのグラン・ピエドラ[4]に赴くというものがあった。頂上に近い高度およそ一千百メートルの、ごく局地的な気候条件下にある場所に、その高度で育つさまざまな珍しい品種を集めた庭園をつくることが決まっており、タケウチはそこで、アジサイの特別な実験を行なった。アジサイは美しさを損なわないようにするのに、適温が必要であった。

タケウチと、そのタケウチが愛情と敬意をこめて語る学識豊かな植物学者アクーニャ・ガレとの関係は、模範となるようなものであった。この関係のなかでタケウチから、日本人にとって国の花として特に重要な花であるキクに関する相談が行なわれたり、また、光周性（日照時間による周期）に関してや、植物ホルモンに関する問題について、アクーニャとの意見交換がなされた。

彼の読書歴や教養、また、先進国から受け取る化学製品に関してキューバのような国がいかに縛られているかなどといったことについて、タケウチの最も親しい友人であったと思われるカンジ・ミヤサカの息子フランシスコ・ミヤサカから、非常に興味深い談話が得られた。

フランシスコ・ミヤサカは子どものころ、毎週日曜日、父親がタケウチの農場に行くのについていったという。その後、一九七一年から一九七二年にかけて、何カ月かタケウチのもとで働いた時に知った興味深い話がある。ミヤサカはこう語った。

彼のことを深く知ることができました。私たちは日本語で話をしましたが、彼はそれが嬉しかったようです。彼は私に、自己哲学を語り、若いころにツルゲーネフやクロポトキンなどのニヒリズムの本を読んだ話をしてくれました。たいへん教養が深いことがわかりましたし、また、熱帯の国での農業についても話しました。熱帯の国で使われている肥料は寒冷な国の人間が考え出したものであるとか、とても興味深いことをいろいろ解説してくれたのです。熱帯の国に適した肥料は熱帯の国でこそつくりだされねばならない、寒冷な国の技術や考えで生み出されたものをもちこんではいけない。そうした肥料は、小麦など、熱帯のものではない作物になら用いることができるかもしれないが、熱帯の植物には向かないというのが彼の意見でした。

ケンジ・タケウチ先生。ハバナ、ワハイにある自宅にて。

彼が「二番目に」愛したのは、間違いなくキューバであった。時を経るにつれ、当初の計画通り米国へ行くことは可能となったのに、彼はキューバ島に永住して仕事をすることに決めたのだ。その仕事は、科学者や技術者、キューバ政府の最高クラスの人々に認められ、賞賛された。

常に最新の知識を仕入れるため、また、キューバ経済の他部門の助けとなるように、彼が利用したのは、多方面に渡る、「北米植物生理学協会との関係で、主に、生理学者仲間であるジェームズ・ボナーやウィリアム・ガルストンから本を送ってもらっていました。二人ともアメリカ合衆国の大学の学者です。英語で書かれたこのような本を、彼はすべて精査し、要約して、これをなぞったり、コーヒーやコメや飼料などの栽培に応用できるようにしたりしていました」(5)。

キューバでのタケウチの生活における、具体的な出来事を評価する際に、彼の個人秘書の献身的で有能な働きを忘れてはならない。彼女、ネリー・コンセプシオン・ラゴは、特に、彼の研究にとって決定的に重要であった英語を知っているという理由で、タケウチによって秘書に選ばれた。ネリーは彼の個人的な助手として、十一年間（一九六六年－一九七七年）に渡り、側近といえる協力者となった。研究所での仕事を彼女はこのように回想する。

彼のそばについて、実験中のそれぞれの植物についての記録を取らなければなりませんでした。その実験がどのように推移しているかや、水やりの回数、施した肥料の仕様、植物自体の変化の観察結果など、いわば、これは植物の臨床史だといわれました。……植物は生き物なのだ。だから、それぞれの時間にあわせて栄養を与えねばならない。太陽や雨に気をつけてやらなければならない。あらゆる愛するものを観察するのと同じように、観察しなければならない、と。

ワハイで彼は、たいへん慎ましく暮らしていた。切妻屋根の小さな家に住み、手前の部屋には事務所、後ろの部屋には寝台がひとつと、たくさんの肖像写真を載せた箪笥がひとつ。伝統的な着物を着た、日本にいる彼の恋人の写真もそのなかにあった。書類やメモはところかまわずおかれ、この地帯の赤土にまみれていた。彼の人生は、セリア・サンチェスが割り当てた小さな土地で行なう実験に尽きた。

もっと上等の住居をもつこともできたが、彼はいつも、彼の植物のそばで死にたいといっていた。タケウチが、園芸に関わる若い技術者を育てる場所でもあった、農園の後ろにある小さな実験用の畑で。彼の教え方は独特だった。何をどのようにするかをいわなかった。彼は生徒たちに囲まれて仕事をはじめ、花や実験に対する彼の動きに注意を払う者は学ぶことに成功した。実験用の畑では、日本のユリとキューバのユリの受粉交配による、「ホセ・マルティ」が育っていた。

セリアが彼に、居住性の良いもっと広い家を提供した時、彼はそれを、親友で、しかも監獄でのつらい年月を一緒に過ごしたカンジ・ミヤサカに譲った。

タケウチの人柄に関しては、「彼をよく知らない人間は、無愛想で他人を寄せ付けない人物だと思うのですが、しかし彼は、繊細でたいへん思いやりのある、親切な人でした。自分のものはもたず、すべて人と分かちあいました。彼の人生哲学は、周りにいる人すべてに教えを授けるというものでした。学ばせるために若い人を傍においておくのを彼は好んでいました」[6]。キューバ人科学者の、故ホルヘ・ラモン・クエバスのケースがまさにこのようであった。

彼は生涯を通じて独身であった。結婚したことも家庭をもったこともなかった。子孫もいない。彼は、ハセガワという名の恋人を記念して、日本のヒナギクの異種交配を行ない、この品種に「ハセガワ・ピンク〔ルビー・ハセガワ〕」という名を付けた。

キューバでのタケウチを親しく知る人に対して彼が話していたことであるが、「彼の唯一の恋人」との関係は、家族の反対によって成就しなかった。

一九七七年八月三十日、彼はハバナの国立病院で、潰瘍の破裂により亡くなった。死の前に彼は、日本語で自伝を書き上げており、そこにはキューバでの体験もつづられている。一九七四年に彼は実験センターの譲渡を決め、キューバ島での思い出の著述に専念していたのだ。

タケウチという人物を総合的に、しかしきわめて深く評価するのに、先述した著作『花と革命』[7]の序文を参考にすることができよう。この序文は、一九七七年十一月九日、キューバ国家評議会議長であるフィデル・カストロ・ルスによって書かれたものである。

友を記念して。

私がケンジ・タケウチを知ったのは、われわれの革命が勝利してまもなくのことであった。彼は、一九三一年に移民としてキューバにやって来て、それから何年にもわたった辛く困難な時期と、その後の何十年かを、キューバの民衆とともに生きてきた。彼にとって、慎ましいキューバ人すべてにとってと同様、革命の勝利は喜びであり、人生に新たな意味を与える出来事であったといえよう。タケウチは、質朴さ、不屈の精神、繊細な心、勤勉さ、という故国日本の民衆の美徳を最高度に有していた。そして、第二の祖国での仕事に、その美徳すべてをもって尽くした。

ある日、われわれは出会い話をした。すべてがまだこれからという時で、われわれには技術も人材も非常に不足していた。彼は花卉栽培と園芸の本物の専門家であり、即座に、革命を支援するために最大限のことをするつもりであると、熱意をこめて表明した。この約束を彼は、謙虚で献身的な努力により果たしてくれた。彼が多年にわたりわが国の農業生産の中心的機関で、そして近年にはキューバ科学アカデミーで達成した業績は、技術的観点から模範として評価される。そして人間的観点からみると、キューバへの多大なる愛と、キューバ国民に奉仕し援助したいという尽きることのない熱意とが、常に彼の心を占めていた。

残念なことにケンジ・タケウチは今年八月三十日に世を去った。キューバでの人生と仕事について彼が本（すなわち本書である）を著していたと私が知ったのは、他でもない、その死後であった。このようにして、キューバの地に美しさと喜びを与えることに四十年以上もを捧げてきた人物は、その最後のエネルギーを、日本とキューバの民衆の間に理解と友情という花を育てることに注いだ。この本を読むことは、必ずや、彼のその高貴な目的に大いに貢献するはずであると確信している。私は彼の人としての生き方の美しさに感銘を受け、この文章を感謝の花束として、亡くなった友の記念に捧げるものである。

（1）1920年生まれ。キューバの女性革命家。フィデル・カストロの秘書を務めていた。1980年に死去。
（2）ケンジ・タケウチのキューバでの住所は、ハバナ州ワハイ132番通り27523番であった。
（3）植物学者・研究者・教授・キューバ科学アカデミー植物学研究元所長、オナネイ・ムニス・グティエレス談。ハバナ、2000年7月。
（4）シエラ・マエストラは、キューバのサンティアゴ・デ・クーバ州とグアンタナモ州にまたがる、コーヒーのプランテーションの遺跡。19世紀にフランス人が黒人奴隷を使って開拓した。2000年に世界文化遺産に登録された。
（5）ネリー・コンセプシオン・ラゴ談。ハバナ、2000年8月。
（6）右に同じ。
（7）タケウチが著したこの本『花と革命―キューバ革命を生きた日本人園芸家の手記―』は、1977年に学苑社より、日本語でのみ刊行された。

第六章

サブロウ・オオエ　湿地を耕地に変えた男

キューバ文学界を代表する大作家のひとりであるオネリオ・ホルへ・カルドーソ(1)は、かのロビンソン・クルーソーの顰《ひそ》みにならい、ハバナ州南部［現在のマヤベケ州］、ロサリオ海岸から二キロ以上入った蚊とブヨの大群の真っ只中に、サブロウ・サンティアゴ・オオエ(2)をみつけに行った。日出ずる国からやって来たひとりの伝説的人物がキューバ国民に知られるようになったのは、この時からである。

ジャーナリストにして評論家でもあったカルドーソが、この「スクープ」、すなわち発見で体験したことは枚挙に暇がない。例えば、一九五五年一月三十日発行の、ハバナの『カルテレス』誌に掲載された記事にはこのような箇所がある。

> われわれはこうして、彼の掘っ立て小屋に入った。大きな、広い、一部屋だけの小屋で、床は土間だった。部屋は、脚の短い地面すれすれの高さの木枠の寝台に占領されていて、つりっぱなしの不透明な蚊帳がたちふさがっていた。一目みただけで、ひとりですべてを建てたのだとわかる。小屋の造作にアジアスタイルが強調されているのがみてとれるのだ……。そこには彼の日本の住居の影響がある。

オネリオ・ホルへ・カルドーソとサンティアゴ・オオエの出会いは、この人里離れた場所でのオオエの滞在の、なんと第二期だったのだ。彼は、イスラ・デ・ピノスのサンタ・バルバラの町で叔父と一緒にキュウリやピーマンの栽培の仕事を何年も続けた後、一九三二年ごろに、この英雄的農業をはじめたのだ。彼は、日本人特有の粘り強さや自己鍛錬、勤勉さに助けられながら、自らの小さな、しかし頑丈な手でもって、土地を干拓し、水路をつけ、淡水が湧くように塩水を排水して栽培に適した土壌にし、大きな収穫を上げた。

この努力は二度の妨害を蒙った。一九四〇年、天候不順により、収穫は大きな被害を受けた。この時は首都ハバナに出て、三月から九月まで、友人のゴロウ・ナイトウの家で暮らした。自分の農地に戻ってまもなく、再び妨げられることとなる。第二次世界大戦のあいだ、イスラ・デ・ピノスの監獄に送られたのだ（↓第十二章）。

一九四六年に解放されると、サンティアゴは、あたかもそれが永遠の挑戦であるかのように、元の土地に戻った。そしてその場所で、『サムロ・オオイの奇跡』の著者［カルドーソ］は彼と出会ったのだ。一九五五年のことである。そのため、たったひとりしか住めないような小さな小屋はすでになく、オオエは海の近くに暮らしており、泥は肥沃な土地に変わっていた。彼の唯一の同居者は一匹の猫であった。

彼は、つまるところ日本人として、栄養のバランスを取る方法を知っており、また、ブロア入り江の水域はエビ漁に向いていた。エビは彼の大好物で、野菜と一緒に食した。

彼が収穫物を売る市場はグイネスの町であり、ロサリオ海岸まで水路を通り、そこからは荷車で運ばれた。彼の農産物は、品質が良く、季節外に生産されるため、一部が輸出されるようになった。

彼が偉業を再開してわずか九年後の一九五五年に、この勤勉な日本人はキューバ人作家の心に刺激を与え、作家は次のように書くに至った。

沼地にいるサンティアゴ・オオエ。この沼地を彼は耕作地に変えた。1950年代。

読者よ、思い描いてみてほしい。密林と暗い湿地に囲まれた土地に切り開かれた、一画の耕作地。しかし、そこは水路が交差し、泉から湧き出たきれいな冷たい水が豊かに流れている。思い描いてほしい。左右対称に、作物がたわわに実っている畑が続いている。トウガラシやキュウリ、冬生カリフラワー、真緑のパセリの小山、(中略)スイカ、カブ、ニンジンなどが、美

しさを競っている。そして読者に知ってほしい。ここは海と湿地にほとんど台無しにされていた土地なのである……。(3)

オネリオ・ホルヘ・カルドーソの訪問から三十六年が過ぎた後、またひとり、慧眼のキューバ人ジャーナリスト、ルイス・セストが「サンティアゴ・オオエの運命はいかなるものであったか？」を知ろうと決心した。彼はオネリオとできる限り同じところを巡り、サンティアゴについて語れる友人を探した。その友人たちの言葉を通じ、かの日本人の熱意や、農業の成果、農産物の販売や彼の支払った給金、漁師を農民に変えるに至ったことなどを知ったが、話題の中心にあったのは、いつでも他者を助けようとしていた、サンティアゴの人間としての本性であった。彼は、土地であれ仕事であれ、何にも執着しなかった。

サンティアゴ・オオエと一緒に働いたベルナルド・アルフォンソ・バランコにとって、サンティアゴは次のような人物であった。

博識な農民でした。植物には話かけてやり、愛情を与えてやらねばならないといっていました。彼は、沼沢地を乾燥させ水路をつけて水を流せば、この地面の下の深い所にもっと水があって、根に栄養を与えることができると知っていました。彼はそう知っていて、だからこそこの

密林に入り、成功したのです。彼は金持ちにはなりませんでしたが、意思の強さや希望や仕事はたっぷりもっていました。(4)

キューバ革命の勝利からまもない一九五九年、サンティアゴ・オオエは、グイネスのプラヤ・デ・ロサリオ近郊の農業開発計画に自らの経験を活かすことになった。彼は一九六五年までそこにとどまり、現在のシエゴ・デ・アビラ州、イスラ・デ・トゥリグアノの湿地帯干拓事業で顧問として働いた。

サンティアゴとともにキューバにやって来た著名な友人が、この博識なアジア人を、キューバ革命政府国家評議会書記官、セリア・サンチェス・マンドゥレイに推薦した。その友人とは、勤勉さと規律正しさにかけては同類の日本人、ケンジ・タケウチ(→第五章)のことで、植物生理学者であり、花卉栽培に関し、さまざまな研究の発展を担った人物であった。

サンティアゴ・オオエは一九六七年に、キューバ共和国大統領府の農園で、園芸家として働きはじめた。その農園は、ラ・ニーナと呼ばれ、同じくハバナの、デル・メディオディア通り沿いにあった。翌年から、セリア・サンチェスが彼に割り当てた家に住むようになった。そこには今も、彼の家族の何人かが住んでいる。家のある場所は、ムニシピオ・プラヤにあるアタベイ造成地の、二二一番街二〇六一五である。

農業生産と農業訓練に関して、サンティアゴが彼の子孫に教え込んだ教育は、完全に継承され、はっきりとした成果をみている。それはまた、彼の最期の願いのひとつが果たされたということでもある。彼の娘のオルガがいうには、「父は亡くなる前に、絶対に、どんな理由があっても、父が家の横につくった畑をなくしてしまわないようにと私たちにいいました。私が夫とともに畑の面倒をみています。その畑は現在、父を記念して、父のあだ名『エル・ハポネス〔日本人〕』の名で呼ばれています」[5]。また、サンティアゴ・オオエが暮らし、働いたパサダの湿地帯も、現在では「エル・ハポネスの土地」もしくは「エル・ハポネスの水路」と、グイネスの町で呼ばれている。

サブロウ・オオエ［大江三郎］と娘のオルガ。1984年5月31日、同女の結婚式にて。

サンティアゴ・オオエにとって、嘘と怠惰は容認できないものだった。その人ができる仕事で人を信用したり評価したりした。それが何の仕事かは問題にしなかったが、その仕事が有用かどうかは重視した。活力と人生のすべてを、自らのつくりだすあらゆるものに対して注ぎながら、限りなく無欲であり、同時に人々との連帯感をもっていた。彼は模範となる父であり、男性であり、友人であった。(6)

かつて湿地を生産力のある土地に変えたのと同様、サンティアゴ・オオエは、ハバナ市の真中で、新たな使命を完全に成し遂げた。この仕事のために彼は、一九七四年に六十四歳で定年となった後、その貴重な時間と広い経験を注ぎ込んだ。彼は死ぬまで一貫して、一九五五年にオネリオ・ホルヘ・カルドーソに語った言葉どおりの人生を送った。「すべての土地は、種をまくのにふさわしい、そこで死ぬにふさわしい」。

(1) 1914年生まれ、1986年死去。旧ラス・ビジャス州の農家に生まれる。『炭焼き人』で「エルナンデス・カタ賞」を受賞し、リアリズム作家としての地位を確立した。全国文化会議のメンバーや雑誌『ボエミア』の編集員などの経験もある。

(2) 1908年10月5日、新潟県生まれ。1990年9月5日、ハバナで死去。キューバにやって来た時は19歳であった。

(3) オネリオ・ホルヘ・カルドーソ『サムロ・オオイの奇跡』、民族調査叢書、「ラス・ビジャス、村の人々」、1962年、p115-130。初出は1955年1月30日のカルテレス誌、ハバナ。

（4）ルイス・セスト「サンティアゴ・オオエの運命はいかなるものであったか?」、『ボエミア』誌、1991年、6月14日、ハバナ。

（5）サンティアゴ・オオエの娘、オルガ・オオエ談。ハバナ、2000年8月。（注：アタベイ造成地にある土地は、国家関連の強化農地で、半ヘクタールほどの広さがあり、オルガ・オオエとその夫が管理している。オルガは、1999年、所属する全国小農民協会（ANAP）によって「国家前衛」に選ばれた）。

（6）オルガ・オオエの夫、セグンド・ゴンザレス・クラーロ談。ハバナ、2000年8月。

第七章　キューバの稲作と鉱業における日本人の貢献

おそらくその時点では例外的なケースだったのだろうが、日本とキューバのひとつの共同調査が実施された。一九五七年四月一日から五月十三日にかけてのことである。この調査のために、日本人のヒデオ・ムコウ［向秀夫］博士とトシタケ・イイダ［飯田俊武］博士が、日本政府によって派遣され、ハバナに到着した。目的は、「ラヤ・ブランカ」もしくは「オハ・ブランカ」として知られていたイネの病害との闘いを支援することであった。この病害はアメリカ大陸地域にのみ存在している。(1)

この方面で日本が有する経験は、国際的に評価されていた。日本の国土に耕作可能な土地が一千三百万エーカーあるうち、当時稲作に使われている面積が七百万エーカーであると知られると、この評価はさらに高まった。

キューバにおける産業としての稲作は、第二次世界大戦の直接的帰結として生じた。機械化によるはじめての大規模作付であり、ブルー・ボンネット五〇やセンチュリーパトナ二三一、エスペランサ五七、キューバ六五、ホンジュラス、パティプリエトなど、さまざまな品種が用いられた。

日本からの派遣団は、著名な科学者フリアン・アクーニャ・ガレをリーダーとするキューバ人専門家グループをカウンターパートに、キューバの西から東まで、三十近い稲作農園を訪問し、病害の徴候と、媒介生物の動向を探った。

滞在の最後に日本人チームは報告書を作成し、「オハ・ブランカ」の病原ウィルスを認定し、

病害は、疑いなく、キューバ全土で同一のものであり、日本の立ち枯れ病と類似する病変を示し

ていると明記した。この結論に至るのに、日本の品種の苗がいくつか栽培されていた、旧オリエ

ンテ州ホバボのバルテス田地で行なわれた研究が寄与したものと思われる。

「この病害の広がりと深刻さに」驚いて、日本人学者らは丹念に仕事を行ない、感染を引き起こ

す「サルタ・オハ」と呼ばれる媒介昆虫を特定するために設置する実験室のタイプについて、貴

重な勧告をした。昆虫を単体で、もしくは群れで使って行なう感染テストも勧めた。問題は、「サ

ルタ・オハ」のどれが病害を引き起こしているのかを特定することにあった。この「サルタ・オ

ハ」は特に若い苗に好んで巣食い、いったん被害を受けた苗はその後回復することはなかった。

特殊なやり方であるが、白化症状除去用の殺虫剤を応用的に使用することが勧められた。

ムコウもイイダも、イネの品種と作付時期を調査し、それぞれの感染に対する抵抗力を分析し

た。日本における実験の結果によると、その時点でまだ日本に立ち枯れ病に抵抗力をもつイネの

品種は存在しないと、二人は報告書に記している。彼らによれば、「オハ・ブランカ」があらわ

れるのに決定的影響をもつのは、播種の時期であった。

報告書を評価し、二人が提唱したプログラムの実施を宣言した。このプログラムは三年間続けら

それから何日も経たないうちに、フリアン・アクーニャ・ガレ博士は「著名な日本人専門家の」

119　第七章　キューバの稲作と鉱業における日本人の貢献

れ、農業技師や昆虫学者、病理学者らが参加することになった。

日本でのイネを襲う病害との闘いの経験は、最大限注意深く、キューバ人学者に引き継がれた。その一環として、一九五七年八月、イネの病害に関する調査委員会顧問議長の肩書きでフリアン・アクーニャ博士の署名のある「日本のイネの昆虫と病害」（日本国、東京、国立農業技術研究所病理昆虫部）のスペイン語訳が公表された。

この月にはまた、植物病理学者、ヒロム・オカモト［岡本弘］の冊子、「日本の穀類作物の病害への水銀粉剤適用の進展の概観」も翻訳された。これは、日本の農林省中国農業試験場から一九五六年五月に発行されたものである。

一九五七年九月、フロリダのベル・グレイドで「ラヤ・ブランカ」がみつかったころ、アクーニャ博士をリーダーとする委員会の見解は、日本人科学者ムコウおよびイイダの技術的見解と、依然として一致していた。キューバチームが、病害を媒介する昆虫を特定するために、Sogata orizicola 種を使った調査研究および、病害の特徴の記録を用いた調査研究を開始すると決定したことが、それを示している。

一九五七年十二月にはじめて、「オハ・ブランカ」として知られる病害の媒介昆虫が発見された。発見されたものはまさしく、アジアには存在しないものであった。

科学者トシタケ・イイダは、アクーニャ・ガレ博士に送った一九五八年一月二五日付けの麗

120

文の手紙（→P234）でこの発見について触れ、さらに、これがキューバの「若き技師や農業者の士気全般に及ぼす効果」についても言及している。

イイダの手紙やその他の参照事例をみると、キューバを訪問した日本人科学者は、書簡のやり取りによって、キューバ人科学者と密接な関係を保ち続けていたことがわかる。これは、日本人側が常に最新情報を入手するのに役立っただけでなく、彼らの意見や助言を伝える手段ともなり、アクーニャ・ガレ博士率いる委員会の仕事の価値を高めることにつながった。こうして同委員会は、オハ・ブランカに決定的に打ち勝つことができたのである。

イネをめぐるキューバと日本の関係が再び大きく動いたのは、一九七〇年のことである。日本人科学者ハルヒト・ナカヤマ博士が、イネの生理学上の問題に助言を与えるために、六カ月に渡りキューバに滞在したのだ。(2)

ナカヤマ博士は滞在中、イネ研究所および国立農業科学研究所（ＩＮＣＡ）と緊密な連携をとりながら仕事をし、ハバナ州［現在のマヤベケ州・アルテミサ州］南部の生産地帯でフィールドワークを行なった。

キューバを去る前に博士は講演を行ない、イネの栽培方法や栄養作用、換言すれば、イネを取り扱う近代的技術について、数々の有益な助言を残した。

キューバと日本のイネをめぐる関係は、一九七四年－一九七五年からキューバ側が精米機設置の投資を実施したことで、またも活発になった。この投資は三年間続き、一時間に十二トンの精米能力をもつ五つの精米機が設置された。

導入されたのはサタケ社の精米機で[3]、この据え付けと操業開始のために、日本の技術指導が入った。五基はすべて、現在も操業しており、次のように配置されている。ピナール・デル・リオに一基、サンクティ・スピリトゥスに二基、オルギンに一基、グランマに一基である[4]。

この後、当時、フィリピン国際イネ研究所（ＩＲＲＩ）[5]に勤めていた植物生理学者、ショウイチ・ヨシダ［吉田昌一］博士の来訪があり、日本によるイネ関連知識の教授の重要性とキューバにおけるその影響の大きさを、またも示される事例となった。

キューバを技術訪問したヨシダより、いくつかの州のイネ栽培地で、栄養に関して生じていた一種の欠乏症について、貴重な助言が得られたのだ。調査の結果、イネの栽培における亜鉛の欠乏であることが判明した。

米作の場合においてはこのような日本人の参加があったが、銅鉱業においても同じことがいえる。タキゾウ・ウラツカ［浦塚滝蔵］[6]という、大分県で生まれ、一九一五年にペルーからハバナに到着した人物の存在である。

到着後まもなく彼は、ピナール・デル・リオ州の北東、ミナス・デ・マタアンブレで銅鉱床の採掘のために労働力が必要とされていると聞き[7]、他の日本人十名とともにその地に向かった。こうして、一九一六年三月にウラツカは、そこに居を構え、製錬所で働きはじめた。そこは、俗にいう濃縮所で、すべて木材で建設されていた。その地にあった鉱床の黄銅鉱（銅の原鉱）を処理し、銅の含有量を高めるための施設だった。[8]

製錬所の建設中、ウラツカが大工仕事に関して高い評価を得たことがさまざまな点から明らかになっている。彼は、選鉱用の箱の製作に直接携わっていた。この箱は、マタアンブレ鉱床の性質上、黄銅鉱の製錬過程に必要なもので、木材でできており、虫や菌類の害から木を守りシロアリのような外部からの食害に抵抗力のある科学物質が塗られていた。[9]

一九一九年に製錬所が始動した時、ウラツカはすでに、大工の最高ポストについており、この仕事を愛した彼は、鉱山から五百メートルの

タキゾウ・ウラツカ［浦塚滝蔵］とその妻マサエ。自分で建てた慎ましい家も写っている。この家は、タキゾウ・ウラツカが建設に貢献した、ピナール・デル・リオのマタアンブレ鉱山の銅の製錬所の近くにある。1925年。

ところに、木とシュロでできた質素な住居を建てた。それはまた、ミナス・デ・マタアンブレにずっと住み続けるという彼の決意のしるしでもあった。

年月が経ち、母親の病気のために日本に赴いた彼は、マサエ・カクと結婚してキューバに戻った。妻とのあいだに五人の子どもをもうけたが、子どもたちは皆、ミナス・デ・マタアンブレ生まれであった。

日本が枢軸国の一翼として第二次世界大戦に参加すると、タキゾウ・ウラツカは職場から引き離されることになった。米国と同じくキューバでも、宣戦を布告した相手国の国民は鉱山内部で破壊活動を行なうかもしれないと主張されたのである。

その他数百名ほどの日本人と同様に、彼も逮捕され、イスラ・デ・ピノスの強制収容所に送られ、一九四三年二月から一九四六年のはじめまで収監された。息子のソテロとペドロも、一九四五年四月十二日、スパイ容疑であやうく監獄に送られるところであった。この容疑は、鉱山の責任者と弁護士の陰謀によるものであった。ウラツカ家に敬意をもっていた隣人らの働きかけによって、ようやく、でっち上げの不正行為は阻止された。

モデロ監獄から出所すると、ウラツカは、家族の待つマタアンブレ鉱山に戻った。彼は仕事に復帰できると考えていたが、現実は違い、アメリカン・メタル・カンパニーの利益を代表する責任者ブルック氏から、自分が米国人であり、鉱山を任されている限り、仕事は与えられない、と告げられた。

ミナス・デ・マタアンブレに居続けることができなくなったウラツカは、一九二五年に、生まれたばかりの娘が、医者にかけてやれずに亡くなるのを目の当たりにした悲しい思い出とともに、賃仕事を求めてピナール・デル・リオ州をあちこち巡った。一カ所、大工の仕事をみつけたが、それは短期間で終わった。

ミナス・デ・マタアンブレでの彼の定評ある実績を鑑みて、エル・グァヤボ鉱山で働かないかと声がかかったのである。そこは、ピナール・デル・リオ州のルイス・ラソ街道から十キロメートルのところにあり、銅の搬出が行なわれていた。

もちろんのことウラツカは、奉仕精神と粘り強さによって、欠くことのできない働き手のひとりとなった。そのため、マタアンブレ鉱山の製錬所で選鉱箱の大規模な破砕が起きた時（輸出に大きな損失が生じた）、製錬所の所長であったブラジル人ウンベルト・アルシオ技師はウラツカに頼った。

懐かしき山懐のマタマンブレ鉱山に戻ったウラツカは、選鉱箱破砕の問題を解決して、再びこの鉱山に貢献した。ところが、彼は結果的に欺かれたのである。アルシオ技師の言葉を信じて契約書を読まずに署名したところ、その契約書には、支給される給与はエル・グァヤボ鉱山で受け取っていた額より低く、しかも有給休暇の権利を放棄すると書かれていたのだ。

彼は鉱山で、一九六九年に定年を迎えるまで、大工のリーダーとして勤続し、定年退職した三年後に死去した。タキゾウとマサエの亡骸は、ピナール・デル・リオ州、サンタ・ルシアの墓地に共に眠っている。そこには、ミナス・デ・マタアンブレの町で亡くなった住民の大部分が埋葬されている場所でもある。

(1) 稲作安定化局　科学広報誌（ラヤ・ブランカ）。複数の官報が収録されている。1957年5月の第1号に「キューバのイネのオハ・ブランカの調査に関する日本人技官の報告」が掲載されている。この技官とはヒデオ・ムコウとトシタケ・イイダのことである。1958年2月28日の第5号には二人の手紙（↓P234）が掲載されており、ラヤ・ブランカとして知られる病害を発生させる媒介昆虫を発見したことで、フリアン・アクーニャ・ガレ博士を称賛している。二人はこの研究に積極的に参加していた。

(2) イネ研究所のミゲル・ソコロ・ケサダ博士談。農業省。ハバナ。2000年8月。

(3) サタケ社のオーナー、トシロウ・サタケ氏は、これらの精米所の商談のためにキューバに滞在した。彼は植物の愛好家で、世界中のヤシを集め、自宅の庭にある温室のなかで栽培・研究していた。彼はキューバ滞在中、当時キューバ科学アカデミー植物学研究所の所長であった科学者オナネイ・ムニス・グティエレスと、ヤシ（特にキューバ産のもの）に関して、対話をもった。

(4) エクトル・エンリケス技師の証言。農業省イネ局。ハバナ。2000年7月。

(5) 前出、ミゲル・ソコロ・ケサダ博士談。

(6) タキゾウ・ウラツカは、1972年4月27日、ミナス・デ・マタアンブレで亡くなった。妻マサエは、それより以前、

1956年12月22日に同じ地で亡くなっている。夫婦には、ソテロ、ペドロ、スリマ、アデリーナ、リディア、ニロの6人の子どもがいた。タキゾウ・ウラツカは、イスラ・デ・ピノスの監獄にいた期間の日記を、子どもたちに残している。

（7）タキゾウ・ウラツカの息子、ソテロ・ウラツカ談。ミナス・デ・マタアンブレ、2000年8月。

（8）マタアンブレ鉱山の技術的・歴史的側面について、また、その地の日本人の存在に関して、ピナール・デル・リオ・ヘオミネラ社、マリア・アントニア・アマルフィ技師より提供された情報。ピナール・デル・リオ、2000年9月。アマルフィ技師の解説によれば、銅鉱床の発見は1911年で、農民のビクトリアノ・ミランダによるものであった。鉱山は、1997年まで操業していたが、この年、国際市場での銅価格の下落により採掘の継続が不可能となった。鉱山の深さは約1500メートルであった。マタアンブレ鉱山は現在、国家産業遺産部門の国定記念物となっている。

（9）右に同じ。

第八章

キューバの日本人の漁業技術

キューバ各地にさまざまな漁業の経験をもたらした日本人に関して述べるにあたって、その重要性からいって、スルヒデロ・デ・バタバノに暮らし、キューバにカツオ漁を導入した日本人らについて、詳しく取り上げる必要があるだろう。

マサジロウ・キタザキ［北崎政次郎］とゼンゾウ・キタザキ［北崎善三］[2]、サブロウ・ミヤサキ［宮崎三郎］[3]、クニイチ・ワタナベ［渡辺国一］[4]が主となって、カツオの漁獲量を上げるために自らの経験を役立たせようという粘りづよい取り組みが行なわれた。それにより、日本で用いられていた技術と、ハワイからクニイチによってキューバにもたらされた技術とのふたつの技術が、実用化されることになったのである。

マサジロウは、シエンフエゴスでのマダイ漁のためにゼンゾウとミヤサキをキューバに来るよう招いた人物であるが、彼はまた、漁業の経験をさらに積んで将来を開くために、一緒にスルヒデロ・デ・バタバノへ行くよう働きかけた。彼らは、ハバナ州の南部、バタバノ湾に面したこの地に暮らすようになった最初の日本人である。

一九三〇年代の終わりごろまでには、スルヒデロ・デ・バタバノの日本人の数は三十人を超えたと思われる。彼らは「地元の宿屋に泊まったり、六、七人が集まって家を借りたりした（中略）。この男たちは、その勤勉さと釣針を使った漁のたくみさとによって、地元の漁師たちに一目おかれていた」[5]。初期のころ彼らは、わずかな食料しかもたずに漁に出て、三日から四日、時にはそれ以上の日数、戻らなかった。夜には、小島でもどこでも、一夜が過ごせるところであればそこで眠った。

一年以上経ってから、クニイチがハワイで積んだカツオ漁の経験が活かされるようになった。これは、潅水できる船舶と、棒を必要とする漁業技術によるものであった。

予想できたことであるが、カツオ加工工場「コモドロ」と「ラサロ」がそれぞれ、「カサス・アルマドーレス〔船主の店〕」と呼ばれるところと密接な関係を結んだ。カサス・アルマドーレスは海産物の種類すべてを扱う仲買人であるだけでなく、とくに海綿などの商品化も行なった。(6)

日本人漁師によるカツオの捕獲とその販売は、クモの巣にからみ捕られ、漁師たちを窒息させていった。なぜなら、漁師らが乗る船は、その大部分が、カサス・アルマドーレスから提供されたもので、漁に出る前にはこれらの店から前借のかたちで食料やガソリンを買う必要があった。そして戻ってきた際には漁の成

キューバにおけるカツオ漁の開始者のなかに、サブロウ・ミヤサキがいる。

果をこれら仲買人に、低い価格で売らなければならなかった。

ミヤサキの話[7]によると、カツオ漁船の最初の乗組員は「最終的に日本人六人になりました。はじめてのカツオ漁は、長さ三十五フィート、幅二十一フィートの船で行ないました。陸には十三日間戻りませんでした。ゼンゾウ・キタザキは別の船で、たくさんの日本人と一緒に漁をしていました。彼が船長を務めていたと記憶しています…、良い漁師でした」。

スルヒデロ・デ・バタバノにやって来た時、日本人漁師らは、キューバの漁師が大陸棚から外には出ずに、そのなかでのみ漁を行なっているのに気づいたと思われる。このことに関し、バタバノ博物館館長エフライン・アラスカエタは、日本人漁師らに関する覚書を残している。「さらに彼らは、次のようなものを製作することももたらした。小型の釣針や竿、網、リップである」[8]。

数カ月が経った時、ふたつの決定的要因により、日本人の姿がカツオ漁から消えることになった。漁獲量の顕著な減少と、カツオの価格の低迷である。日本人漁師に支払われる給金がごくわずかであったということもある。一九四二年ごろ、カツオ漁に従事していた日本人はスルヒデロ・デ・バタバノから、ピナール・デル・リオ州南部海岸にある漁業中心地コロマに移った。マグロに近い漁場とより高い収入を求めてのことである。だが、求めた収入が得られなかったため、コロマにはたったひとりが残り、他の日本人は元の土地に戻っていった。こうしたことに加え、三年間以上もの期間（一九四三年から一九四六年）、第二次世界大戦により、日本人漁師の大半がイスラ・デ・ピノスの監獄に収監された。このためカツオ漁は、すでに習熟してきていたキューバ人漁師が引き継いだ。

スルヒデロ・デ・バタバノで漁に従事していた日本人のあいだで、賞賛や尊敬の的となっていたのは、沖縄県糸満の漁師の島出身の、カメジロウ・ウエハラであった。

ウエハラの熟達した漁師としての人生は、スルヒデロでも、プラヤ・デ・ロサリオやカヨ・ラルゴ・デル・スルでも、模範とされた。彼は、生きるためのすべてを漁れるようになった。海は彼の財産であり、海から食べ物を得るだけでなく、その方法を人にも教えた。この痩せて頑健な人物は、潜水も達者で、五十歳を過ぎても八尋から十尋〔十四メートルから十八メートル〕の深さまで潜った。七十四歳で亡くなる時も、まだ現役の漁師であった。釣り道具を驚くほど巧みに編み出し、地引網や投網をつくった。さらには、投網のポイントに沈める錘《おもり》も鋳造した。(9)

カメジロウ・ウエハラ［上原亀次郎］。沖縄出身。1930年代終盤に写真スタジオにて撮影。

スルヒデロ・デ・バタバノにあっ

た日本人コロニーの流れをくむ――第二世代の――漁師として、唯一残っているのがラファエル・アオヤギである。[10] 彼は海の男としての経験や実績から尊敬されており、今も、ペスカバ漁場組合所属の近代船カヨ・ラルゴ号の船長として、バタバノ湾でエビ漁を行なっている。

漁業に関する興味深い日本人の例としてはこの他に、キンジ・タチカワ〔立川金治〕[11]――キューバ人からはキコと呼ばれた――がいる。彼は一九二八年にキューバに到着し、漁業技術者としての雇用契約を果たした後、キューバに残ることを選んだ。はじめスルヒデロ・デ・バタバノに、ついてシエンフエゴスに、最後にカルデナス〔マタンサス州〕に落ち着き、そのバイタリティーと海への愛によって、九十歳を過ぎてもなお、漁に出るのを常としていた。

キコは常時、生きる糧として海とつながりをもち、小さな船を手に入れて漁に出た。キューバ人漁師が直面していたのと同じ貧苦をくぐらねばならなかったからである。彼が海の仕事から戻るたびに、妻のトシが彼をせっせと手伝った。トシは、日本の新潟県の出身で、二人は一九三五年八月十五日から夫婦であった。トシは家を切り盛りしただけでなく、夫から渡された魚を販売した。

タチカワは、キューバ革命が勝利した時、シエンフエゴスのカヨ・カレーナスでシグマ船の船長になる勉強をした最初の漁師のひとりであった。この時彼は、カルデナス漁業組合に所属していた。仕事に就いて固定給を得、彼の人生が変化したのは、一九六〇年からであった。長いあいだハバナの漁業研究センターに勤め、新しい漁具の設計や改善、実用化を行なった。これらの漁具は、釣果が良かったことからキューバ全土に普及した。重要なのは、その仕事を彼が直接担当していたという点である。加えて、それらの漁具を彼自身が製作したということも意義深い。

漁業に関してさまざまな時期にキューバにもたらされた日本からの影響は、まさしく非常に興味深いものである。一九六一年の終わりごろ、キューバ漁船団の専門家の官吏からなる一団が日本を訪れた。マグロ漁の経験のある漁師を雇い入れ、また、マグロ漁のための専用船五隻の建造を依頼するためであり、この五隻は、キューバが同じく日本からすでに購入していたはえなわ漁船に加わることになるものであった。

日本には、「長はえなわ」もしくは「流しはえなわ」として知られる技術があった。これは、ブイで浮くようになっている二十キログラムから二十五キログラムの長さの釣り糸に、餌のついた釣針が一定間隔をおいて懸けられているものであった。

キューバで働いていた日本人の家族に対応するという重要な役割を果たしたのは、在日本キューバ大使館の商務官であったフランシスコ・ミヤサカである。[12] 彼は数年間に渡り、キューバ島で働いていた日本人からその給料をまとめて受け取っており、その金はミヤサカの銀行口座に振り込まれ、それから、キューバにいる日本人ひとりひとりの要望に応じて、日本で振り分けられた。

モサク・ハラダの出身地である九州にあるウスキ［大分県臼杵］造船所で建設された五隻の船は、

三百二十五トンから三百五十トンのもので、全長およそ四十九メートル、航続時間はおよそ九十日であった。これらの船は日本人乗組員を乗せ、一九六二年にキューバに運ばれてきた。乗組員は、船長、無線技士、マグロの魚影を正確に知るための水平線の観察のやり方を知っている漁労長などであった。五隻のはえなわ漁船は、アグーハ、デルフィン、アグアヒ、アルバコラ、ドラドという名であった。ミヤサカは進水式で、このドラドの名付け親となった。五隻の船でやって来た日本人は計八十人、一年間の契約であった。

これらの漁船は、カリブ海やメキシコ湾、バハマ諸島北海域、ブラジル北海域などを操業水域とした。各漁船には、漁労長一名と船長一名の他に、三十三名の乗組員がおり、十六人が日本人、十七人がキューバ人であった。操舵と技術に関するすべての職務は日本人が担当し、通常、一隻に一名の通訳がいた。通訳のなかに、ナカソネ、ミナミ、カトウがいた。カトウはキューバの生まれであった。そのころのことについては、漁船の現役船長であるルイス・ウバルド・ゴンサレス・レイエスの話から、全容が明らかになっている。彼は、一九六二年および一九六三年ごろから前記、キューバ側の乗組員となった、十六歳強の青年、数十人のうちのひとりであった。

これらキューバ人の若者たちから日本人漁師はどのようにみえたかについてゴンサレス・レイエスは、彼らは素晴らしい師匠であり、たいへん勤勉で組織だっていたと語っている。日本人は、水夫も上級船員も同じように働き、船や漁について常に入念な注意を払っていたという。

各船で乗組員の指揮を取っていたのは、二人の日本人キャプテンで、ひとりは航行の担当で「センチョー〔船長〕」と呼ばれ、もうひとりは漁を担当し「センドー〔船頭〕」と呼ばれていた。この「センドー」が序列が上だった。キューバに来ていたキャプテンのなかに、タカハシという人物がいた。彼は豊富な知識の持ち主で、キューバ人の若い漁師たちと流暢に話をした。このキャプテンは平素から、海流図の前に座ってキューバ人の若者たちに、何時間にも渡って、それぞれの魚種がどうふるまうか、特に、マグロやフジツボの種類について解説した。

漁の最中に日本人が、上級船員らが先頭に立って、技や力を競い合ったことを、ゴンサレス・レイエスはあらためて感嘆しながら回想してくれた。作業の時間と質を守りながら、メカジキなどの魚を解体するさまは、特に、生きたまま水揚げされた時など圧

1962年、ハバナ港にてマグロ漁船団とその乗員の歓迎式。

巻だった。しかし、さらに衝撃的だったのは、サメの動きを止めて解体する様子をみる機会に立ち会えた時のことだ。とりわけ「マイラ［アオザメ］」というサメの時は衝撃的だった。

この時期の何年間かで、何百人もの日本人がマグロ漁の仕事で働くためにキューバにやって来た。彼らの多くは、ハバナの東、現在アラマール地区になっている一部につくられた造成地に住んだ。そこには、他の国の技術者もおおぜい住んでいた。

時が経つに連れ、巻網漁などといったマグロ漁の新しい技術が開発され、はえなわ漁は技法として時代遅れになった。

マグロ漁に関してキューバでみられたこの他の出来事としては、マグロ漁に使った釣り餌が、マグロをまったく惹きつけないとわかったことがある。そこで、マグロがたいへん好む、日本で「サンマ」と呼ばれるサンマ科の魚を日本から輸入しなくてはならなかった。

餌に関するこの複雑な問題を解決するために、プラスチックでシマガツオをつくって、日本人技術者がマグロの好む臭いをつけた。マグロ漁はだんだんと採算がとれなくなり、そのため、日本人を雇う理由であった技術の価値も低下してしまった。

日本の技術支援はほぼ十五年に渡って続けられた。それは、キューバ人側が技術を習得するのに十分な時間であった。

一九七〇年代は、マグロやその他の漁に関して、最も輝かしく最も明るい見通しのあった時代であったと考えられている。

はえなわ漁船の数を増やそうと、一九六五年にキューバは、全長五十五メートルのマグロ漁船十九隻をスペインから購入した。一九七〇年には、同じくスペインで、巻網漁船ハグアを購入している。巻網漁法のためにキューバは、この漁法の分野での二大大国とみなされていたスペインとフランスから技術援助を受けた。こうしたスペイン船の乗組員には、日本人やソ連人もいた。

キューバでの仕事が全盛期を迎えた一九七六年ごろ、かなりの数の日本人が家庭をもち、その子孫らが日本人居留地を大きくしていた。

こうした契約と、それがもたらした結果について、マグロ漁の分野において注目に価するものだと分析することができるが、また、日本とキューバの技師や専門家、労働者間の関係においても同じことがいえる。

ゴロウ・ナイトウがきわめて大きな貢献をしたことにも、言及しないわけにいかない。彼は技術援助の場で、キューバ漁船団の日本人専門家や技師に対するキューバ側のコーディネーターを務めた。さらに、糧食を船に積み込む世話をしただけでなく、乗組員の福利やキューバにいるその家族らにも気を配った。

無線技師マサアキ・コハグラ（↓P149）の存在も非常に大きな意味があった。彼は、キューバに空手を紹介した人物であり、その恩恵や影響は多大である。

（1）1888年3月1日、福岡県の小さな漁村に生まれた。1915年5月5日、メキシコからキューバに到着。1976年4月3日に死去。
（2）マサジロウの弟で、1905年12月1日生まれ、1983年5月10日に死去。1926年2月9日からキューバで暮らした。
（3）キタザキ・マサジロウやゼンゾウと同じく、福岡県の出身。1909年2月11日に生まれ、1926年2月9日、ゼンゾウとともにキューバにやって来た。1989年6月18日に死去。
（4）クニイチは、1898年12月6日、和歌山県に生まれた。1924年8月18日からキューバで暮らす。1964年3月11日に死去。
（5）パブロ・ルイス・コルドバ・アルメンテロス「カツオ漁における日本人移民の貢献」。『海と漁』誌、263号、1987年8月、p18－21、ハバナ。
（6）海綿は、雌雄ともに、バタバノ湾の海底から昔も今も採取されている。当時は港で天日干しされ、その後カサス・アルマドーレスに運ばれて、ここで価格が決められた。その後、海綿の形状によって品質の区分けをされ、各業者向けにカットされて、販売のために梱包された。これらは手作業で、19世紀末から行なわれていた。
（7）ホルヘ・リオス「バタバノ日本人」、フベントゥ・レベルデ紙、1985年4月25日、ハバナ。
（8）上掲紙。
（9）カリダー・ウエハラ談。ハバナ。2000年7月。
（10）アオヤギ・リョウヘイの息子。アオヤギ・リョウヘイは、1906年2月22日、福岡県生まれ。1927年1月19日にハバナにやって来て、1992年4月3日に死去した。ラファエル・アオヤギの二人の息子も父とともに漁師として働いている。
（11）福岡県の出身。80歳で退職。1998年、96歳で死去した。トシ・カトウと結婚した。トシはキューバの人々から愛され、1998年4月9日、75歳で死去した。
（12）フランシスコ・ミヤサカ談。ハバナ。2000年6月。

第九章

野球、柔道、空手道における日本人の存在

スポーツの分野では、キューバ野球史において現在までの唯一の例となる、日本人を両親にもつ選手が一九四〇年代にいたことを、私達は発見した。ホセ・ホンマ・ナカムラ(1)である。彼は何年かのあいだキューバ・アマチュア野球ナショナル・リーグのシエンフエゴス・チームでプレーし、特に一九三九年から一九四二年に活躍した。左投げピッチャーとして際立っており、そのポジションをキューバ野球史に残る大選手コンラド・マレーロと分けあった。プロとして契約し米国でプレーすることになったが、国を出る前、ハバナ・キューバンズのユニフォームを着た。一九四九年から一九五九年まで、米国の３Aリーグのルイビスビル・チームでプレーし、最後はメキシコのチーム・ユカタンに所属した。

ナカムラは、八歳の時に野球をはじめた。十五歳の時には、ピッチングのうまさから、チームが行なうほとんどすべての試合で登用されていた。彼の所属していたチームは、マタンサス州ティングアロ製糖所の球団だった。彼に対する人々の賞賛が非常に大きかったことから、シエンフエゴス・チームのマネージャー、リカルド・ペレスは彼に、ホセ・ナカムラという名にしてはどうかといった。「ナカムラ」は彼の母親の苗字で、こちらのほうが発音がしやすかったのである。彼はそれを了承した。

キューバに戻ってくるとこの日本人スポーツマンは、マタンサス州のペドロ・ベタンクール・リーグ所属の野球チームで、トレーナーやマネージャー、監督などを務め、チーム・ティアングアロを二度に渡りアマチュア・チャンピオンに導いた。七年のあいだインディオ・アトゥエイを率いて、マタンサス州での優勝を果たしてナショナル・シリーズに進出するという素晴らしい業績を残した。

重要な出来事として、一九五五年、キューバの首都ハバナにプロ野球チーム東京ジャイアンツがやって来て、日本とキューバとのあいだで、最初の野球対戦が行なわれたことが挙げられる。この時ハバナ・キューバンズ・チームは三ゲームのうち二ゲームをとった。(2)

この歴史的対戦の後、エル・チコ・バルボン選手が日本へ行くことになった。彼が一九五五年から一九六六年まで、契約選手として十一回のペナントレースに参加した。日本のプロ野球リーグでプレーしたキューバ人は彼に限らない。

キューバの野球チームがはじめて日本を訪れた一九七四年以降、日本でもキューバでも、数多くの交流活動が行なわれている。

ナカムラは、一九六〇年代の終わりごろに野球の実践や技術指導を辞めていたが、この実績に加えて、ナショナル・リーグ所属のアマチュア・チーム、マタンサスおよびセントラルのコーチをしていたという貢献もあった。国内のさまざまな場所からナカムラのもとに駆けつけた数多くの野球選手が、相応の経験がなくても、キューバの国民的スポーツ、野球の教育を受けられたのは、ナカムラの功績である。

マタンサス州コロン市の博物館では、ホセ・ホンマ・ナカムラがスポーツ人生で獲得したさまざまなトロフィー等をみることができる。これらは彼から寄贈されたものである。彼の弟ルイスも優れた選手であったが、二十一歳の時に交通事故で亡くなった。

　私たちは調査の途中で、ゴロウ・ナイトウの話から、柔道の達人の日本人コンデ・コマ――本名、ミツヨ・マエダ〔前田光世〕[3]――が一九〇八年にハバナにいたことを知ることができた。彼は完璧に「キモノ」を着こなし、テアトロ・ペイレでさまざまな実技を披露した。それが終わると、十五分間降参せずにもちこたえた者には五百ドル、彼を負かした者には五千ドル提供するといって、彼と対戦するよう観客を誘った。誰も彼には勝てなかった。

コンデ・コマ［前田光世］の写真。柔道家として3回ハバナを訪れている。

　コンデ・コマの特色は、さまざまな国で柔道のエキジビションを行なったことである。キューバでも、一九〇八年と一九一〇年、一九二一年に開催された。キューバの日本人移民に関する紛れもない権威であるゴロウ・ナイトウは、長身・屈強のサダオ・クボタ初段についても話してくれた。クボタは、すでに亡くなっているが、一九二一年、主役であるコンデ・コマが舞台に登場する前に行なわれる前座試合に参加した。

キューバでは、第二次世界対戦後、ハバナのマリアナオに柔術学校が建てられた。そこの教授兼所有者は、日本人のシゲトシ・モリタ［森田茂稔］[4]であった。学校は、一九六〇年代のはじめごろまで開校していた。

日本の武術、柔道のキューバ導入[5]は、アンドレス・コリシュキン・トマソンの働きに負っている。彼は七カ国語を話し、ベルギー黒帯会のメンバーで（一九五〇年－一九五一年）、一九五一年にキューバ柔道連盟技術本部長の任についた。フィンランド生まれで、ベルギーに住んでいた時に日本人のミコノスケ・カワイシ［川石酒之助］七段[6]の弟子となった彼は、中米への柔道の導入と振興という任務をもっていた。彼がキューバに滞在したのは、キューバ人女性サラ・マルティネスと結婚したためである。

ミコノスケ・カワイシ［川石酒之介］7段の写真。1950年、パリから弟子であるアンドレス・コリシュキンに、キューバの柔道の発展を願って贈られたもの。

コリシュキンが南北アメリカ地域

で活動を展開したことにより、一九五二年、ハバナで第一回パンアメリカン柔道選手権の開催が実現した。一九五六年には再びキューバで、第二回の柔道選手権が開催されている。そのまさに一九五二年の十二月、講道館（国際柔道連盟ができるまで、柔道の総本山、もしくは最高権威であった）の代表団がキューバを訪れ、日本とキューバの柔道家のあいだではじめての直接交流となった。

講道館の公式代表団が東京からハバナにやって来たのは、柔道の発展の様子を調べるべく中南米各国を訪問していた一環であった。代表団を構成していたのは、全日本チームのコーチであったタガキ八段、一九五二年から一九五三年の日本チャンピオン、ヨシマツ七段、日本における最も優れた技術をもつと目されていたオオサワ五段であった。彼らは全員、柔道柔術連盟によって組織され、セントロ・アストゥリアノで開催された柔道フェスティバルに参加した。この時行な

東京の講道館の公式代表団の到着。1952年。

われた試合で、オオサワは十人、ヨシマツが十五人の相手と対戦している。

一九五五年七月一日、キューバに住む二人の日本人が、キューバ黒帯会（有段者会）の会員になった。リイチ・サカキバラ［榊原利一］およびキクオ・サカキバラである。ともに初段であった。[7]

キューバ柔道の歴史を刻んだ主要な出来事のなかで、マサユキ・タカハマ［高浜正之］の来訪はとくに大きな意味をもっている。彼は、キューバ柔道柔術連盟との契約により、一九五五年から一九五七年のあいだにキューバで柔道の指導にあたり、何十人もの黒帯を育てた。

タカハマは一九五五年六月二十日にハバナに到着している。彼の来訪は、最もレベルの高い柔道監督を得ようと努めたコリシュキン教授の交渉の結果であった。コリシュキンはこのために、講道館に対し、日本の古式柔道を代表する最高の人物を要請した。そして選ばれたのがタカハマであった。タカハマは二十五歳で六段に昇段

1955年、ハバナのランチョ・ボジェロス空港にて、柔道の先生、マサユキ・タカハマを歓迎する。

し、日本警察の全国チャンピオンになった柔道家で、彼を教えたのはカワイタ五段師範であった。キューバ柔道連盟の顧問としてのタカハマの仕事は、黒帯と茶帯に授業を行なうことと、毎月ハバナ州の各クラブを訪問すること、そして毎月一週間の地方巡回をすることであった。タカハマはその知識を役立てて、コリシュキン（三段）を委員長とする段級審査会にも顧問として参加した。キューバでは一九五八年までに、計およそ百二十人の黒帯と、さまざまな州に分布する百四十の柔道クラブが誕生した。これは、指導者としてのコリシュキンとタカハマの功績によるものである。こうした成果が得られたことに貴重な貢献をした日本人には、他に、T・イシカワがいる。彼は、有段者会との契約により、一九五六年から一九五七年にかけてキューバに滞在した。

タカハマが二回目の滞在を終えた一九六〇年以降、キューバには日本人の柔道顧問がいなくなった。そのため、柔道の分野におけるキューバと日本の結びつきは一時なくなったのだが、一九七九年に「ホセ・ラモン・ロドリゲス」[8]選手権に世界チャンピオン、スミオ・エンドウ〔遠藤純男〕が出場したことで、再開となった。エンドウは一九七五年、九十三キロ超級でチャンピオンとなり、キューバに滞在した数カ月後の一九七九年十二月、フランスでも無差別級で優勝した柔道選手である。「ホセ・ラモン・ロドリゲス」選手権に日本が全階級を揃えたチームで参加したのは、この一九七九年の大会が現在までで唯一のことである。この時、日本は団体優勝を果たした。遠藤は九十五キロ超級と無差別級に出場し、ふたつの金メダルを獲得した。この時からさまざまな日本人柔道家が、国際レベルのこのキューバの大会に参加している。日本の柔道でのキューバ選手の活躍は、福岡国際女子柔道選手権や、嘉納治五郎杯国際柔道選手権および正力松太郎杯男子選手権（どちらも東京）などの国際Aマッチの大会で勢い盛んである。これらは世界選手権やオリンピック大会の優勝者を輩出している大会である。

近年のオリンピック大会や世界選手権において柔道の部門でキューバが好位置を占めている背景には、何十年にも渡って日本人柔道家の大家たちが教授してくれたことの効果が今もみてとれる。日本で生まれた柔道が西洋に拡大し、瞬く間にフランスに広がって、次いでキューバに到着した。その発展の順序は、二〇〇〇年のオーストラリア、シドニー、オリンピックで各国が獲得した順位とちょうど一致している。すなわち、一番が日本、次いでフランス、続いてキューバだったのだ。

空手道に関しては、一九六四年六月にキューバに来てキューバ人漁師らにマグロ漁の技術を伝えた日本人の一団のなかに、マサアキ・コハグラ［小波蔵政昭］がいたことを忘れてはならない。彼は「カミロ」の名で知られていた。キューバ革命の伝説的英雄カミロ・シエンフエゴス同志[9]のトレードマークと同じ、黒く長い髭に、オリーブ色のズボン、つば広の帽子という格好をしていたからである。コハグラは、キューバが日本から購入したマグロ漁船の無線通信士で、彼の功績は、キューバに少林流空手（沖縄で誕生した）を紹介したことである。

コハグラが自ら作成した「キューバ空手道黎明期の思い出」と題する記録文書には、一九六五年二月に四人のキューバ人が、コハグラに空手の経験があることを知って、空手道を教えてくれと頼んできたと書かれている。

彼の最初の弟子は、コハグラ曰く、「ラウル、アグスティン、リベロ、ネルソン、バルガス、ホセイト、インディオという、キューバ人の七人の侍であった」[10]。このうちラウル・リソは、「キューバ空手道の最高指導者」といわれている。

七人はコハグラと、さまざまな場所で練習をした。時には条件のよくない場所も使わなければならなかったが、それも、一九六六年二月にハバナのプラド・イ・ネプトゥノにあるレストラン「カラカス」の上階を提供されるまでのことだった。改装作業を経て、一九六六年六月、キューバ空手道の最初の教室が開校した。間違いなくこの一歩がよい刺激となり、空手の基本技術の練習がいっそう熱心に行なわれるようになった。

ありがたいことにコハグラは、キューバ漁船団との契約が終了した後も、弟子の教育を続けるためにキューバに残った。また、アキト・ヤマネとその妻ヤスコの行動も感謝に価するだろう。夫妻は漁業に関わっており、コハグラがキューバに滞在するための宿を提供した。

ある時期が来るとコハグラは、弟子たちに対し、自分にはもう教えられることがなくなったので、もっとレベルの高い空手の指導者をキューバに招いているところだと告げた。この招聘は、キューバで空手を促進させる活動の中心となっていた人物であり、東京に本部のある在キューバ日本人労働者センターの所長であったシゲヒサ・マツダを介して行なわれ、セイキ・コバヤシ[11]がハバナにやって来た。彼は漁業技術者の資格で入国したが、コハグラの事業を続けることが主要な目的であった。

マサアキ・コハグラ（左）とセイキ・コバヤシ。キューバでの空手の初の指導者。ハバナのプラド・ネプトゥノに開かれた最初の空手教室にて。1968年。

キューバ人によるさまざまな演武に参加した後、コハグラとコバヤシは、ホウシュウ・イケダ［池田奉秀］[12]と電話で話をした。上級レベルの空手を指導するために、イケダがキューバにやって来た。コハグラはこの機に日本に帰国した。一九六九年十月六日のことだった。

イケダは一九六九年、まさにこのキューバに常心門少林流を創設し、少林流は二十カ国以上に普及した。この流派はキューバにあるさまざまな流派の宗家と考えられ、これまでに何千人もの男女が学んでいる。

ホウシュウ・イケダ師範は、一九七一年、第二回目のキューバ訪問の際に試験を行ない、ラウル、アグスティン、インディオの三人に二段を、ホセイト、バルガス、他の者に初段を授与することを決定した。これにより、夜六時から十一時までの

1975年に日本で撮影された写真。前列の右端がキューバ人の空手の師範、ラウル・リソ。前列左から４番目に、常心門少林流の総裁（当時）、ホウシュウ・イケダがいる。

練習を続けてきた上記のキューバ人は、さまざまな道場で人々を教える指導者となれる段階に進むことになったのである。

イケダ——国際常心門少林流空手道連盟の元総裁［二〇一六年に死去］——のキューバにおける空手道に関する功績はきわめて大きい。これまでに述べたことに加えて彼は、ラウル・リソ師範とともに護身術の発展にも力を貸した。リソおよびホセイト師範が日本に滞在し、空手道の訓練を行なえるようにもし、さらにラサロやパブリート、オンデュラス、ウンベルトらにも便宜をはかった。彼らのうち何人かは、一九九九年八月、常心門少林流創立三十周年記念式典のため、イケダに招かれて日本を訪れた。

イケダの五回にわたるキューバ訪問や、主だったキューバ人師範との繋がりは、友好関係が継続

ハバナにある空手教室を訪れる空手の師範、コハグラ、セナハ、ラウル・リソ。2000年10月15日。

的なものであることを示している。イケダ師範は、特に、独自の流派を生み出してそれが世界に受け入れられたことにより、最も有能な日本人師範のひとりであると考えられている。

空手道の分野に関しては、国際常心門少林流空手道連盟に所属し、世界最高の空手家二十五人のひとりといわれているアキラ・イトウ七段師範の名も挙げておきたい。イトウは一九六九年にはじめてキューバにやって来て、その後一九七一年に、指導の助手としてイケダ師範とともにキューバを再訪した。彼はキューバ陣、ラウル・リソ師範の兄弟弟子で、ともに日本で一九七六年に五段に昇段した。イトウが最も近年にキューバを訪れたのは一九九五年のことで、この時向上セミナーを行なっている。

その他日本人の著名な空手道師範で、キューバに短期間滞在した者は以下のとおりである。一九七〇年に訪れた剛柔流のイチロウ・ヤマモト五段、一九九一年に糸東流を発展させたショウコウ・サトウ［佐藤尚弘］、世界空手道選手権技術本部長で、さまざまな機会にセミナーを行なったゲンゾウ・イワタ［岩田源三］九段、以上に加えて、国際松濤館開祖、ヒロカズ・カナザワ［金沢弘和］がいる。

さまざまな武術における日本とキューバとのこうした関係は、両国の武術家同士の個人的なつながりが大きいが、それぞれの連盟や協会も貢献している。この結果、キューバ人空手家と日本人空手家がたびたび訪問しあい、交流が生まれている。そうして、二〇〇〇年の終わりには

——キューバ空手道三十一周年を記念し、少林流全国選手権が開催されるなかで——キューバへの空手道の紹介者であるマサアキ・コハグラが、沖縄の剛柔流琉翔会会長の最高師範、シゲトシ・セナハ［瀬名波重敏］九段[13]とともに、キューバを再訪した。

キューバと日本のスポーツの結びつきについて述べたこの章では、移民のカンジ・ミヤサカ［宮坂寛司］の働きを示しておくことができよう。彼は、全国スポーツ・リクレーション協会（INDER）で、二十年以上に渡り、通訳を務めた。ミヤサカは、キューバを訪れたたくさんの日本人チームと仕事をし、一九八九年、八十二歳で退職し、一九九七年五月十四日、九十歳で死去した。

カンジ・ミヤサカ［宮坂寛司］とケサノ夫人の写真。1980年、ハバナ内の当人の住居にて撮影。

(1) ホセ・ホンマ・ナカムラとのインタビュー。マタンサス州コロンにて。２０００年７月。彼は、ヘイジ・ホンマ（１８９６年５月19日生まれ、１９２０年にキューバ着）とサクヤ・ホンマ（１９００年４月25日生まれ、１９１９年キューバ着）の息子である。ヘイジは１９８１年に、サクヤは１９８５年に逝去した。

(2) エディ・マルティン・サンチェス『日本野球』、ハバナ、２０００年５月29日。

(3) コンデ・コマのキューバ滞在についての情報は、１９０９年１月24日ハバナ発行の「カリカトゥーラ」誌にみられる。そこにはこの柔道家の記事が写真入りで掲載されている。コンデ・コマは、１８７８年11月、青森県の弘前市で生まれた。長年ブラジルのベレン市で暮らし、１９４１年その地で亡くなった。彼は、アマゾン地域への日本人移民を促進した人物であった。

(4) モリタは、１９２５年12月17日キューバに到着している。ハバナのブルジョア家庭で召使として働いた。イスラ・デ・ピノスへの収容を経験している。１９８２年８月15日に死去。１９０４年10月12日に日本の高知県に生まれた。

(5) 柔道および空手道について掲載している情報は、キューバの柔道史家アベラルド・フロレス・ペレスと、その兄弟の柔道教師フェルナンド六段から提供されたものである。参照した文書は、書簡や議事録、プログラムなどを含む。

(6) カワイシ師範は、ヨーロッパに柔道を紹介した人物で、他の国々にも柔道を広めようという展望をもっていた。キューバを訪れたことはない。

(7) ロトゥンド・アルフレドおよびアルバロ・ヘロエス、「ベネズエラにおける柔道の軌跡を追って」、カラカス、ベネズエラ、ｐ１２８－１３０（出版年不明）。

(8) ホセ・ラモン・ロドリゲスは１９７３年８月17日、ハバナに生まれた。初段の黒帯を得ている。大学学生連盟（ＦＥＵ）で柔道を指導した。フルヘンシオ・バチスタの独裁政権（１９５２年－１９５８年）との闘争では地下組織の戦闘員となり、１９５７年に殺害された。

(9) １９３２年生まれ、１９５９年死去。キューバの革命家。革命後は、軍隊の最高指揮官を務めた。

(10) ここに記されたキューバ空手道の創始者らの本名は、ドミンゴ・ロドリゲス・オケンド（ラウル・リソ）、エリベルト・ロドリゲス・オケンド（アグスティン・リソ）、カルロス・リベロ・リベロ（Rivero）、彼の名前をコハグラはLibero と記している。ネルソン・クルス・ゴンサレス（ネルソン）、フルヘンシオ・ベガ・カレロ（バルガス）、ホセ・ロドリゲス・ガルシア（ホセイト）、オルランド・ゴンサレス・レイエス（インディオ）である。

(11) 常心門少林流初段。イケダ師範の弟子。

(12) 日本キューバ会のメンバー。

(13) キューバ訪問中、セナハは、剛柔流キューバ連盟のメンバーに対し、セミナーおよび実技授業を行なった。また、2000年10月6日から8日にかけてサンクティ・スピリトゥス州で開催された全国選手権において形の演武を行なった。

第十章　キューバと日本の文化的絆、抄録

おそらく、キューバにおける文化的性格をもった日本人の先例、第一号となるのは、サーカスのタレント、コウキチ・シミズであろう[1]。シミズは一八八七年に大阪で生まれ、一九〇九年、キューバに到着した。

「リトル・コウキチ」として名を知られていた彼は、カナリア・サーカス（一九一一年─一九一五年）およびベイティア・サーカス（一九一五年─一九二〇年）に加わって、オリエンテ、カマグエイ、ラス・ビジャス各州のさまざまな町や村を巡った。一九一一年および一九一二年の数カ月間には、有名な奇術師サルタンに招かれて、アメリカ合衆国に滞在した。サルタンはシミズの個人的な友人であり、それゆえ彼は米国のいくつかのサーカスで働くことができた。

一九二〇年代の終わりごろ、キューバ知識人の雄であるアレホ・カルペンティエル[2]とコンラッド・W・マッサゲールは、高名な日本人画家、ツグハル・フジタ［藤田嗣治］と親交を結んだ。これはパリでのことであり、この交友によりフジタは妻とともに一九三一年、ハバナを訪れることになった（→P236）。

アントニオ・フェルナンデス・デ・カストロがいうには、最初の市内観光でキューバの風景や建物や人々に魅了されて以来、「フジタは鉛筆をはなさず、小さな手帳にすべてを描きとった。彼の絵は、人物や、公園や、通りや、家のもので、素描が基調となっていた。すべてが彼の土地の雰囲気に包まれていて、それに他のいくつかの土地の土煙が混ざっていた[3]」。

コウキチ・シミズ［清水幸吉］の肖像画。文化人では日本人初の移民であったと思われる。

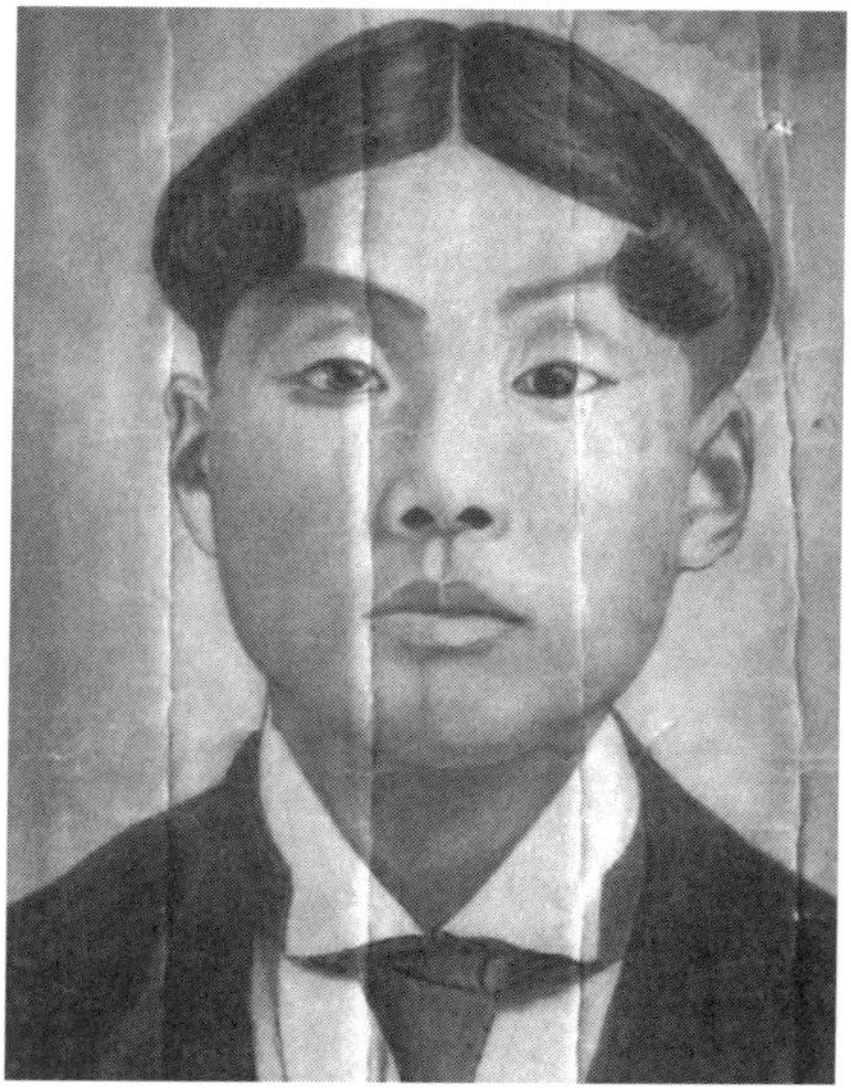

コウキチ・シミズの妻。キューバ人、コンセプシオン・バルデス・ペレス。二人の幼子とともに。

フジタはハバナ滞在中、キューバの画家や作家と密接な交流をもった。アルアンブラ劇場に出かけ、ハバナのリセウムで開かれた彼の絵の展覧会の開幕式を行なった。この展覧会は一九三二年に行なわれたもので、多くの関心を惹起したこと、および展示された絵の内容と質から、ひとつの文化的事件とみなされた。

キューバと日本のあいだに、実質的な文化的絆がしっかりと結ばれるまでには、何十年もの歳月がかかった。意義深い出来事としては、ハバナの国立植物園内に、日本庭園(4)が造園されたことが挙げられる。これは一九七〇大阪万博の記念協会より寄贈されたもので、一九八九年十月二十六日に落成した。プロジェクトを担当したのは、日本人の作庭家、ヨシクニ・アラキ［荒木芳邦］であった。日本庭園は全体で五ヘクタールの面積があり、装飾的性格をもち、日本の園芸花の一部や同国から運ばれた魚などがみられる。この美しい庭園は池を取り巻いており、「遊歩道の庭園」を意味する「カイユウ－シキ－テイエン」［回遊式庭園］という様式になっている。

他の芸術分野では、ギターにおいて、キューバと日本は広範な関係をもってきた。まず思い起こさなければならないのは、一九六二年にアツマサ・ナカバヤシ［中林淳真］が、ラテンアメリカのさまざまな国をまわるツアーの一環として、キューバを訪れたことだろう。

この経験はナカバヤシにとって魅力的なものだったに違いない。彼は三年後に、別のギタリスト、ソンコ・マージュ（芸名）を伴ってキューバを再訪した。ソンコ・マージュは、アタワルパ・

ユパンキに師事しており、やはり日本人だった。

　コンサートの開催を通じてのこうした接触により、互いの国のギター界の動向に関する情報交換が行なわれたようだ。そのころは、キューバのギター界は初穂の時期であり、ちょうど技術を教えるシステムの見直しが開始されたところだった。この見直しを受けてアイザック・ニコラ師によりギター学校が創設された。

　二十年後の一九八二年、非常に重要な出来事があった。レオ・ブローウェル師の主宰により、第一回ハバナ国際ギター・コンクールおよびフェスティバルが開催されたのだ。このイベントに、日本ギター界を代表する著名な二人が参加した。マサル・コウノ〔河野賢〕という大変に有名なギター製作者と、その当時まだ若かったがすでに将来を嘱望されていたイチロウ・スズキである。こうした結びつきは、その後、ブローウェル師がスズキの招待に応えて日本を訪問したことにより、さらに強くなっていった。スズキはヨーロッパでブローウェル師の生徒であった。

　日本において、このコンクールは、現在世界で催されているギター専門のコンクールのなかで最も権威あるものとして知られている。スズキ師はこのコンクールで最優秀成績を挙げたキューバ人に二千ドルの賞金を授与することを決め、コウノ名人は、彼の特別モデルのコンサート・ギターを同人に贈った。

　コウノとスズキの蒔いた種は、八年後、見事な芽を出した。この年キューバの人々は、日本の最も偉大なギタリストとみなされているシンイチ・フクダ［福田進一］を直にみる機会を得たのである。同様に、ハバナ国際ギター・コンクールおよびフェスティバルは、音楽研究家の大家である碩学、ジロウ・ハマダ［浜田滋郎］の列席により権威を高めている。彼は審査員として、複数回、参画している。

このように日本がギターの分野においてキューバとのあいだできずいた強いつながりのなかにおいて、マサル・コウノの存在は間違いなく、花丸付きで際立っている。コウノは一九九八年に死去しているが、ここまで述べてきたことの他にも、『現代ギター』という、発行部数が十万部の有名で印刷の美しい月刊誌で、キューバ・ギター界に常に便宜をはかってくれていた。

こうした絆が可能になったのは、とりわけ、レオ・ブローウェル、ホアキン・クレルチ（日本で演奏したことがあるのはこの二名だけ）のようなキューバ・ギター界の偉大な名前が、レイ・ゲーラやヘスス・オルテガ（彼らの作品は日本で知られている）といった他の有名奏者の名と結びついているからであろう。

この状況に加えて、両国のギターの活動を目にみえるかたちで結びつけるものとなる、商業ベースでの最初のレコード制作がなされた。これは、一九九八年開催の第九回ハバナ国際ギター・コンクールで第二位となった日本人、ヤスジ・オオハギ［大萩康司］のファーストアルバムを制作したい、それもキューバで収録したいというフクダ師の願いが実現したものである。録音はアブダラ・スタジオで行なわれ、プロデューサーはフクダ自身であり、オオハギおよび、キューバのギタリスト、ロサ・マトス（コンクール第一位）、アレハンドロ・ゴンサレス、ジョエル・サン・マルティンが参加した。全員の指揮をとったのはヘスス・オルテガ師である。

近年、音楽演奏の分野での日本・キューバ間の交流が、数多く、また絶え間なく行なわれており、両国民が互いの能力の質や多様性を高く評価することにつながっている。こうして日本人アーティストが、既出のハバナ国際ギター・フェスティバル以外にも、ボレロ・デ・オロ・フェスティバル、ベニー・モレ・フェスティバル、ソン・フェスティバルなどのキューバの主要な音楽イベントに参加して、賞賛を受けているのである。

キューバ音楽への興味も手伝って、多くの日本人がキューバを訪れて、パーカッションや踊りのスクールに参加している。さらに、多くのジャーナリストがやって来て、キューバ音楽に関する取材を行なっている。

キューバ音楽は、流布し、宣伝され、よく知られるようになったことで、文化的選択肢のひとつとなり、キューバ・リズムを信奉する多くの日本人に大いに支持されている。そんなわけで、日本においてキューバ音楽のフェスティバルやコンクールや踊りがさかんに行なわれているのだ。

一方、日本の大衆や専門的な批評家からとくに好まれているのが、キューバの有名画家らの作品だ。このことから、著名な画商、画家、ジャーナリストなどからなるCUBARTEX委員会が組織されることになり、同委員会は、日本において開催された現代画家の傑作展を後援した。十九世紀のキューバ・スペイン画家の展覧会が好評を博したことは、意義深い。これは、国際創価学会富士美術館が企画したもので、日本の多くの都道府県において展示が行なわれた。

このようにして造形芸術の最良のものが行き来するなかで、少なくない数の日本人の作品がキューバにおいて鑑賞された。世界文化社という団体の、創価学会富士美術館の「日本美術の宝」として知られている絵画展が、キューバ人画家ネルソン・ドミンゲスの展示場において開かれたのである。

日本・キューバ間のこうした文化的活動は、さまざまな文化表現の分野におよんでいる。ファッションもそのひとつであり、有名なファッション・デザイナーのジュンコ・コシノがキューバに来訪し、ファッションショーを開いている。

日本映画も、一九五〇年代のはじめにキューバに入ってきている。名高い映画監督アキラ・クロサワ〔黒澤明〕の手による作品、『羅生門』と『七人の侍』である。一九七〇年以降には、多くの日本映画が知られるようになり、前記の作品と同様、キューバの大衆に受け入れられた。

日本移民について、キューバ映画芸術・産業研究所（ICAIC）が『日本人』というドキュメンタリーを、イデルフォンソ・ラモスの監督により制作している。この他、オクタビオ・コンタサル監督の『永遠の種蒔き人』がある。

日本人を両親にもつキューバ生まれの人物が、ドキュメンタリーの巨匠サンティアゴ・アルバレスのそば近く働くスタッフであった。ゴロウ・エノモトである。彼は一九二六年に、ラテンアメリカＩＣＡＩＣ新聞の編集者としてそのキャリアを開始し、フィルム保管室で何年間も働いた。エノモトは一九六七年、『中央列車襲撃』というタイトルのフィクションの短編の助監督を務めた。監督として制作したドキュメンタリーの主な作品は、『第十一回中米・カリブ競技会』（一九六二年）、『車を停めながら』（一九六四年）、『サトウキビの収穫者』（一九六五年）である。

おそらく、これまで述べてきたような文化的絆のなかでも特筆すべきこととして、一九九八年の一年間をとおして日本人キューバ移民百周年祭が祝われたことが挙げられるだろう。この歴史的・人口統計学的出来事のために、キューバおよび日本において作業委員会が組織された。この委員会には傑出した文化人が名を連ねている。日本においては、日本国会内の日本キューバ友好議員連盟会長ヒロシ・ミツヅカ氏［三塚博衆議院議員（当時）］が、同国の委員会の指揮をとった。

移民百年祭に際して、キューバでも日本で多くの文化行事が行なわれたが、そのなかに「キューバの日本語の本」という書籍展示会の開幕と「第五回キューバ－日本ワークショップ」の開催、バイオリニスト、ユリコ・クロヌマ［黒沼ユリ子］の演奏会があった。それに加えて、キューバの詩人たちと、このためにハバナまでやってきた日本の詩人たちとの会談がもたれた。日本の詩人のメンバーは、タムラ・(カワムラ)・サトコ、ジョウジ・モリ、ムツミ・ミヤト、タケシ・イシハラ、オサム・ハラコ、タイジン・テンド、C・トダである。

同じく一九九八年には、東京の八重洲ブックセンターで、エルネスト・チェ・ゲバラ司令官の写真展が催された。

また、これも重要な出来事だが、同年にトオル・ミヨシ〔作家の三好徹〕先生がハバナを訪れた。ミヨシ先生はペンクラブの幹事であり、エルネスト・チェ・ゲバラ司令官の伝記を日本語ではじめて書いたという功績の持ち主である。

これ以外にも、キューバ・日本間の文化的つながりが最近、新たに結ばれている。一九九六年にダイサク・イケダ氏(ホセ・マルティの熱烈な崇拝者である)がキューバを訪問したのだ。彼は国際創価学会の会長であり、この会は、あらゆる民族のあいだで国際関係をよくしていくことを目的としてもっている。それも、すぐれて文化的性格においてのことである。(5)

イケダ氏はハバナ滞在中に、フィデル・カストロ国家評議会議長に、教育に関する功績を称えて「創価大学名誉博士号」を授与し、また、国家評議会より第一等フェリックス・バレラ勲章を受け取り、ハバナ大学文学部名誉博士号を授かった。

一九九七年には、当時の文化大臣であったアルマンド・ハート博士とマルティ研究センター名誉会長シンティオ・ビティエール博士が、日本において、創価大学の名誉博士を授与されている。

キューバ・日本間で行なわれた会談の大変に意義深い落とし子として、ホセ・マルティについての三章からなる文章が公表される運びとなった。これは、ビティエール博士とイケダ氏の見解をおさめたもので、「対談」シリーズという、さまざまな国の傑出した人物との中身の濃い会談を活字にするという企画のひとつである。上記の三章は日本語で、『ウシオ（潮）』という月刊誌に「キューバの使徒、マルティを語る」というタイトルで、十一回に分けて連載された。また、その内容をおさめた本がまず日本語版で上梓され、続いてスペイン語版、最後に英語版が出版されることになっている。

近年、キューバ人の日本文化への侵入の例がいくつか起こっている。疑問の余地なく、こうしたことが起こったのには、マルティの日本観が大きな影響をおよぼしている。マルティの思想にはじめて触れるアジア諸国の人たちは、マルティが『黄金の時代』のなかで、子ども向けの言葉で述べている仏教についての意見と高い評価を目にすると、驚嘆せずにはいられないのだ。

こうした活発な文化交流は、キューバの文化大臣、アベル・プリエトの一九九九年の日本訪問、および日本の外務省文化交流部の担当官と日本財団の副代表のキューバ来訪で、ひとつの頂点を迎えた。

翌年の六月、キューバにて第二十四回日本週間（ジャパン・ウィーク）が催された。このなかでは四百五十人以上の日本人が、自国の伝統文化をありとあらゆるかたちで披露したのであった。

二〇〇〇年に、フェルナンド・オルティス財団の代表団が日本に向かった。メンバーは同財団代表ミゲル・バルネット博士および金細工彫刻家のホセ・ラファルトで、ラファルトは日本の金細工を勉強することになっていた。日本財団（その目的は、世界の傑出した知識人、科学者、芸術家、スポーツ選手と同財団との絆を結ぶことである）の招待により、バルネットは三つの大学においてさまざまな講演を行なった。さらに彼は、日本外務省文化交流部の部長や、日本財団の代表および執行委員長の応接を受けた。そこの会談のなかで、キューバ日本人移民の地図を出版することが話題となり、日本財団と在キューバ日本大使館が資金提供する運びとなっている［二〇〇〇年当時］。

最近の、日本人とキューバ人の文化的つながりは、「詩の世界フェスティバル、東京２０００」（十一月二日から五日にかけて開催された）での出来事である。開会セッションにおいて、このフェスティバルに招待されていたキューバ人作家、ホルヘ・ティモシーの「ラテンアメリカ詩の現在の様相」というタイトルの文が読み上げられたのである。

（1）シミズは、キューバ人、コンセプシオン・バルデス・ペレスと結婚し、この婚姻によりオスカル、ラウル、エンマの３人の子どもが生まれた。旧ラス・ビジャス州のクルセスの町に居を構え、１９２５年12月11日、レメディオス病院で死去した。

（2）1904年スイス生まれ、1980年死去。子どものころにキューバに渡り、ジャーナリストになるが、マチャド政権を批判したことで投獄され、1928年にフランスに亡命。1945年に一度キューバに戻るが、ベネズエラに滞在し、小説『この世の王国』『失われた足跡』や評論などを発表。1959年にキューバに帰国し、カストロ政権のもとで文化活動などに協力した。1977年にはセルバンテス賞を受賞している。

（3）ヌッサ・エレ「フジタ、パリの中米人」、『ボエミア』誌、1987年10月30日号。74年。44号。p8－9。

（4）国立植物園。日本庭園観光マップ。GEO発行。1955年、キューバ国、ハバナ。(注：1970大阪博覧会協会からも、キューバ国ハバナのアジア・オセアニア研究センター日本語研究部に、相当量の寄贈があった)

（5）マルティ研究センター名誉会長シンティオ・ビティエールへのインタビュー。ハバナ、2000年11月2日。

第十一章　日系移民とキューバ革命

日本人移民の第一世代およびキューバ市民でもある二世以降の人たちをキューバに根付かせていった結びつきについて、大ざっぱにでも分析しようとするなら、見落とすことのできない、現在および未来の歴史のなかで強調されるに価する非常に重要な事実がある。

日本人は、キューバ社会の一部として、量的にというより質的に、キューバ経済のさまざまな分野に参画を果たした。砂糖産業、農業、漁業、商業、科学、スポーツなどの分野である。

彼らは、規律や勤労精神、愛する人を大事にすることの見本を示し、さらに、他人に敬意をもって接することを実践しながら、多くの家族をつくっていった。

第一世代は、その我慢強い妻たちとともに、多数の家族の中心となる幹であった。彼らの多くは、貧窮や失業、差別や飢餓といった艱難を、夫婦いっしょに耐え忍んだ。その子どもや孫は、一九五九年一月一日のキューバ革命の到来以降、さまざまな専門分野の高等教育が受けられるようになった。そのため今日では、彼らのなかに、技師や医師、経済学者、数学者、専門家、農業・精糖業技師、その他の専門職などの大学卒業者がふつうにみられるのである。彼らの従事する職業はきわめて多岐に渡る。

日本からキューバへの移民が進んでいった過程で、日本人はキューバとの完全なる一体感をもっていった。日本生まれの第一世代の場合は、キューバの人たちと同じ問題や切望や幸福をもつことによって。第二世代は、この国に生まれ、完全にキューバ人であるという意識をもつことによって。どちらも等しい権利をもって。

さらに、どちらの世代にも、キューバが最終的な独立を得るための戦い、およびその独立を強固にする闘いに関連しての、注目に価する例が存在する。

その多くの例のうちのいくつかを以下に紹介する。日本人の第二世代（ニセイ）に属する人間というより、生まれた土地のために、自らの命を犠牲にすることも辞さない覚悟だった日系人のケースである。

例えば、アルベルト・タカハシ（息子）とゴロウ・エノモト[1]という若者たちのケースである。彼らは、フルヘンシオ・バチスタ（→P184）の冷酷な独裁政治に対して抜きんでた地下活動を行なった後に、エスカンブライ山脈[2]の山中に行って、ビクトール・ボルドン・マチャド司令官の下で戦

キューバ革命を率いたフィデル・カストロ（右）と、カミロ・シエンフエゴス（左）。

いを続けた。

このゲリラの上官に、タカハシ（ヤグアラマス出身）とエノモト（旧ラス・ビジャス州のオルキタ出身）について話を聞いたが、[3]そのなかでも、両人がいかに勇敢であったか、またどのようにして、エスカンブライで展開された「七月二十六日運動」の部隊がひとつにまとまる時に、第八縦隊「シロ・レドンド」の一員となり、エルネスト・チェ・ゲバラ司令官の指揮下に入ったかについての話は、とくに印象深かった。

今日この二名の日系キューバ人は、戦略拠点であるサンタ・クララを巡って決定打となった戦闘をはじめとする多くの戦闘を、ゲバラ司令官およびその革命軍とともに戦ったことを、非常に誇りに思っている。

上記のケースはある意味、日系一世であるキンジ・タチカワ（キコ）のまっすぐで勇敢な行動と自然なつながりがあるといえるだろう。[4]

キコは自分の所有するシグマ船に二人の日本人の漁師と乗っていたところ、沖合にて、アメリカ合衆国に基地をもつ反革命分子に捕えられた。

タチカワらは見知らぬ船からの救助を請う呼びかけに応じて、その船のもとに駆けつけたのだが、それは罠であり、重武装した大勢の人間が待ち伏せしていたのである。けれどもタチカワらは、身を守るすべもなく、殺されるかもしれないという状況で、おじけづきはしなかった。

エルネスト・ゲバラ（左）と、フィデル・カストロ（右）。1961年。

彼らの態度を前にして、海賊の船乗りたちは、彼らを小舟に乗せて流すことにした。水も、食料も、オールも与えずに。当然ながら、これが経験をもたない他の人たちだったら、敵の銃弾の下で死ぬのと同じくらい確実な死を意味していただろう。しかし彼らには海での豊富な経験があり、おかげで生き延びることができた。疲労困憊しながらも、手を櫂の代わりにして、どうにかこうにか近くの小島にたどりつくことができたのである。

彼らはそこで不安と苦悶にさいなまれながら助けを待ち、長い時間の後に、肉体的に非常に衰弱していたところを、キューバ当局の広範囲におよぶ捜索によって発見され、救助された。

彼らこそ、両親から規律正しく一貫性のある堅実な行動をとることを教えられたことに導かれ、その人生において多くのことを成し遂げた実例のごく一部なのである。

今日キューバに残っている数少ない日本人移民と、数百人にのぼるその子孫たちにとって、親戚や知人の日本からの訪問によって、つながりを取り戻していることが、大きな励みとなっている。また、彼ら自身が日本を訪れていろいろな人に会い、多くの場合、今までの空白を埋めることになっていることも、同様である。

こうした行き来に関してきわめて活動的な経路となっているのは連帯活動であり、またある程度は、空路や海路でキューバを訪れる観光もそうといえる。観光のケースでは、ピースボート(5)（平和のための航海）が目を引く。ピースボートは一九九〇年以降、何百人もの日本人を運んできており、さらにさまざまな種類の寄付も行なっている。

現在、日本キューバ友好協会が存在しており、また別々の名称をもつ十九の友好グループがある。連帯活動がとくに活発に行なわれた時期のひとつは、「アスタ・ラ・ビクトリア・シエンプレ」隊の時である。これは、サトウキビの収穫のために日本で結成され、ビジャ・クララ州において一九六九年、一九七〇年、一九七一年に活動した。

キューバと姫路労音とを連帯するグループもあり、その基本的な目的は、キューバの人々と日本の人々とのあいだの関係を緊密にすることである。「アミーゴス」という、キューバ音楽のプロモーションと輸入を行なうグループは、イベントの収益でピアノを購入して芸術学校に寄付している。同様に、「キューバに学用品を贈る会」という別の連帯グループがあり、会員のほとんどは東京キューバンボーイズの音楽家たちだが、[6]このグループも彼らのコンサートを通して、この種の寄付を行なっている。

連帯の人文的で感覚的な分野においては、キューバ－ヘミングウェイというグループが、ホセ・マルティ全集の最初の二巻の日本語版などの書籍を出版するという意義深い活動を行なっている。[7]

日本の民衆とキューバの民衆とをつなぐ連帯運動の形成を促す顕著な側面として、日本の傑出した文化人の存在がある。ラテンアメリカに関する大学知識人であるユウゾウ・カモ［加茂雄三］

もそのひとりである。

ここまで紹介してきたことはすべて、キューバと日本の民衆が、相手を理解し、自らを認識することに、大きく質的に貢献しており、連帯は人類にとっての永遠の春となりうることの明白な証拠となっている。

(1) ラモン・バレラス・フェラン『九月五日』紙の記事、「日の出ずる国からアブレウスの赤の土地へ」。シエンフエゴス、1985年7月14日。
(2) キューバ中央部に位置する山脈。気温差が大きく、多くのコーヒー農園がつくられた。1950年代-1960年代には、ゲリラ活動がおこなわれた。
(3) ビクトール・ボルドン・マチャド司令官談。ハバナ。2000年9月。
(4) キンジ・タチカワの娘、セシリア・タチカワ談。ハバナ。2000年8月。
(5) 国際交流を目的として1983年に設立されたNGO。
(6) 東京キューバンボーイズは1949年に見砂直照によって結成された。見砂直照(1909年-1990年)は、1979年にフェルナンド・オルティス著の『アフロ・キューバ音楽に於ける打楽器の起源と発達―太鼓物語』(音楽之友社)を翻訳出版した。1979年には、キューバでもライブを行なったが、1980年に解散した。2005年、直照の息子の見砂和照がリーダーとなって再結成された。
(7) 日本では、1998年に『ホセ・マルティ選集』(全3巻、日本経済評論社)が出版されている。

第十二章

第二次世界大戦と、日本人のイスラ・デ・ピノス監獄への収容

皮肉をこめて「モデロ〔モデル〕監獄」と呼ばれたイスラ・デ・ピノス国立男子収監所は、一九三一年に竣工した。これは、アメリカ合衆国イリノイ州にあるジュリエット刑務所を真似てつくられていた。(1)

この不吉な刑務所は、計四百七十五室の房を備える四つの円形の建物と、ふたつの長方形の建物から構成されていた。場所はキューバ島の近くで、バタバノ湾とカリブ海に囲まれていたので、権力者たちは、ここからの脱走の可能性をさほど心配する必要がなかった。スルヒデロ・デ・バタバノから約百キロメートルのところに位置するイスラ・デ・ピノスは、十九世紀から一九五九年の一月一日まで、自由主義の考えを信奉する者たちや、スペインからの独立運動家たちの流刑地として用いられてきた。キューバの国民的英雄、ホセ・マルティもここに送られている。

運用が開始されると上記の監獄は、残虐な悪事が行なわれる場所として知られるようになった。拷問や汚職、悪徳によって、この監獄は体制ぐるみで、人類の尊厳を破壊する場所となったのである。これについては、『五百人の人殺しの島』という本に多くのことが収録されている。この本は、ヘラルド・マチャド政権(一九二五年－一九三三年)の時に服役したパブロ・デ・ラ・トリエンテ・ブラウが著している。

歴史的に知られているように、第二次世界大戦は一九三九年に、ナチス・ドイツのポーランド侵攻によってはじまっていた。しかしこの帝国主義的性格をもつ戦争に対してキューバ行政府は

前列の３人の日本人は、第二次世界大戦中、イスラ・デ・ピノスの収容所に３年間以上収監されていた。背景に、この監獄の円形の建物群がみえる。

当初、何ら行動を起こさなかった。起こしたのは、米国が動きをみせてからであった。何より、キューバ行政当局側が米国に対して依存・服従しているという関係にあったためである。そのためキューバは、一九四一年十二月九日の日本への宣戦布告の二日後になって、ファシズム枢軸を形成するドイツ、イタリアに対して宣戦を布告した。

当時、キューバ政府を率いていたのはフルヘンシオ・バチスタだった[2]。同政府は米国に同調するという決断をとり、一九四一年十二月九日付の法律三十二号によって日本帝国に宣戦を布告した。一九四一年十二月七日、真珠湾にいた米国艦隊を日本が攻撃して後のことであった。この法律の第一条はキューバ政府に以下のことを遂行する権限を与えている。「わが国存続に備える目的で戦争を遂行すること、南北アメリカ地域諸国間の連帯に関する国際協定を履行すること、西半球の防衛に協力すること、世界の民主主義と自由を維持すること」。

この法律を敷衍して、十二月

フルヘンシオ・バチスタ。1938年にアメリカ合衆国を訪れた際の写真。

十二日、キューバ共和国大統領は政令三三四三に署名をした。[3]同令一条には日本人に関して、「行政府の介入と監督に」服している者、さらに「逮捕者、収容者、共和国領内に居住しない者の財産を、行政府による保護・保管の下におく」とある。このために「敵性財産監督官」が任命された。監督官には、事前の協議のうえで、キューバの日本人財産の売却処置をとる権限が与えられていた。しかしそれだけでなく、押収された商品、現金、有価証券、株式の管理も行なうことになったのである。

拘束した日本人に関する次なる処置においても、キューバ政府は米国に倣った。日本生まれの日本人およびその子孫を強制収容所に収容し、政令三三四三号以降この者たちを、「敵性外国人」と呼んだ。

当面の処置として日系移民らは、町村や都市に集められた。例えば、旧ラス・ビジャス州に在住していた日系人に起こったことについて、ミルサ・スギモト・ニシモトは次のように語っている。

戦争がはじまった時、私は六歳になる直前でした。ラス・ビジャス州に住んでいた日本人とその子孫たちは全員、サンタ・クララに集められました。女性と子どもは診療所とかそんな場所に、男性は別の所に。それから、女性と子どもは家に帰され、男性は、イスラ・デ・ピノスのモデロ監獄に連れて行かれました。[4]

このようにしてイスラ・デ・ピノスには、キューバの各州に住んでいた日本人の集団が次々に到着した。また、他にも、イタリア人、ドイツ人をはじめ、米国とその同盟国に対して戦争をしていたあらゆる国の人たちが集められた。日本人についていうと、最初に到着したグループは一九四二年四月十六日の十二人のようだ。続いて四月二十一日に七人、五月二十六日に十二人、十一月二十四日に十九人が到着した。一九四三年以降、日本人収監者の数は急速に増え、キューバ全土からやってきた。最終的に総計は、日本人三百五十人（うち九人はキューバ生まれ）[5]、ドイツ人百十四人、イタリア人十三人、中国人二人、スペイン人ひとりとなる。一九〇三年から一九四三年のあいだにキューバ国籍を取得した日本人が二十六人いたのだが、収容された日本人のなかに彼らが含まれていたかどうかは不明である。日本人は、ドイツ人、イタリア人とともに、監獄の二棟あった長方形の建物に収容された。このうち「模範囚」棟として知られていた左の建物にドイツ人とイタリア人が、「新人・選抜者」棟と呼ばれていた右の建物に日本人が収容された。強制収容所には独自の責任者がおかれていて、監視・監督要員も含めて内務省に所属しており、そのため当然ながら、モデロ監獄の機構から独立していた。

イスラ・デ・ピノス監獄に収容された日本生まれの日本人の出身地は以下のとおりである。沖縄五十七人、熊本五十六人、広島四十二人、新潟三十八人、福岡二十九人。残りの人たちは日本の他県出身で、その数は上記より少ない。

女性に関しては、三人の日本人がハバナ郊外にあるアロジョ・アレナスの刑務所に留置された（ここにはドイツ人女性も拘禁されていた）。このうち二人がキューバ生まれで、ひとりはハバナの日本領事館の秘書、エバ・オガワ。もうひとりは日本人とドイツ人の夫婦の娘であった。日本生まれの女性で唯一収監されたサクヤ・ナカムラは、(6)へイジ・ホンマとの婚姻以降、夫の名字を名乗っており、彼女が逮捕・収容されたのは、日本の将軍ホンマと同じ名字だったことが原因であった。ホンマ将軍とは、フィリピンでマッカーサー将軍率いる米国軍を打ち負かして多くの捕虜をつかまえ、オーストラリアまで逃避させた人物である。サクヤは六カ月間刑務所に入れられた。他に、キヨ・エノモトのように、最初は逮捕されても、翌日には釈放された日本人女性がいる。また、かなりの人数の日本人女性が逮捕されてハバナに連行されたが、これは「コ」で終わる名前から男性だと考えられたためであった。［スペイン語では、「オ」の母音で終わる名前は男性名］。この人たちは、間違いが判明した時点で釈放された。

男性たちはまたしても、家族から、またキューバで築き上げてきた、あるいはこれから築こうとしていた生活（それまでの滞在期間はさまざまだった）から引き離されて、最初はハバナのカスティージョ・デル・プリンシペ刑務所に集められた。同刑務所では、ほうきを製作するのに使われていた広大な部屋の冷たい床の上で眠ることになった。イスラ・デ・ピノス監獄に到着した時彼らは、それからどれだけのあいだそこにいなければならないか知らなかったし、ありとあらゆる不安を抱えていた。その不安のなかには、スパイ容疑で告発されて、流刑に処されたり死刑を宣告されたりするのではないかというものもあった。また彼らは、房の鉄格子によって分断された。このようななかで彼らは、生き延びるための試みをはじめたのであった。それも、状況の流れを知ることのできない状態で、警察による監視の下で。

収容のはじまった初期、一年目にはもう、日本人のあいだで自主的な組織と規律がつくられていった。建物の各階からそれぞれ三人ずつの委員が選出され、その三人からひとりの代表委員が選ばれた。委員は計十二人で、彼らによって委員会が組織され、会長はヒデイチ・カトウという日本人がなった。彼はハバナのサント・スワレス地区にある「キモナ」というクリーニング店の店主で、日本人の妻と息子ひとりがいて、この息子は共に収監されていた。委員会は、日本人の問題について収容所当局と話しあう役割をもっていた。

各階の代表委員は次のようになっていた。二階はジンイチ・イワト［岩戸迅二］、三階はタダオ・クボタ［窪田忠雄］、四階はキイチ・オガワ。五階はヒデイチ・カトウが委員会会長と兼任して代表委員となっていた。一階には居住房がなかった。

この監獄に入れられていたキューバ人の一般囚に対しては、「ラ・ヤナ」と呼ばれる沼に連れていかれて殺されるという犯罪行為が少なくない数なされていたが、日本人に対してこのようなことがなかったのは確かである。しかし、監獄の食料の乏しさや不衛生から病気が発生し、このためたびたび感冒が流行して、日本人はこれを克服するのに大いに苦労した。一九四四年の十月は、「収監されていた日本人にとって、最悪の月」として記憶されることになる。「この月の八日と十五日と二十二日に死者が出た。このうち二人は新潟県の出身だった」[7]。

収監されていた日本人のうち計九人が死亡した。[8] うち一名が二世である。一九四四年に死去した人は次のとおり。一月二十九日、コウスケ・キタザキ。二月五日、ツチナガ・セイゾウ。二月二十九日、フクハラ・リュウトク、八月二十九日、サトシ・エノモト、十月六日、トシオ・イノウエ。十月十五日、トメキチ・ミヤムラ。最初の四名は、重態になったためにハバナの「カリスト・ガルシア」病院に移送され、そこで亡くなり、コロン墓地に埋葬された。イノウエの遺体は、ヌエバ・ヘロナ［イスラ・デ・ラ・フベントゥ］の墓地に葬られている。

その後、一九四五年に、監獄において次の者が死亡した。五月十九日、セイジ・ハギワラ。五月三十一日、クマオ・ナカガワ。十月二十日、カメジ・タキモト。この三名はみな、トシオ・イノウエと同様、ヌエバ・ヘロナの墓地に埋葬された。

彼らの死因は、胃がんおよび心筋梗塞で、イノウエの場合も、父親と同じ房で眠っていた時に、心筋梗塞で亡くなった。

日本人は事実上、医療行為のほとんどを自力で行なわなければならなかった。このため、自身も収監者であったオサワ医師――ハバナのエル・ベダドに所在していたアングロアメリカ医院出身――が医療責任者となった。ゴロウ・ナイトウが、にわか看護師となった人たちの指揮をとった。この看護師の顔ぶれは、トマス・ホンマ・ナカムラ、アンドレス・カガワ、他二名だった。彼らは助手として外科手術を手伝い、注射や手当、輸血などを行なった。

日本人の医務室は一階におかれ、手術を施された人やその他の処置を受けた人が運ばれ、回復を待った。医務室には十台のベッドがあった。

収監されていた人への話から、ホーペルというドイツ人が特別待遇を与えられていたことがわかっている。ホーペルはハバナのモンテ街にいくつもの商店をもっており、またレグラ村に包丁工場を所有していた。そのため大資産家とみなされて、監獄の三部屋を占有していた。一部屋は、やはり収監されていた息子の部屋で、もう一部屋が彼の居室、三番目の部屋は台所兼食堂および洗面所であった。彼の広い部屋は、抜群の環境のマンションの一室のようになっていて、冷蔵庫があり、ガスレンジがあり、召使がいた。この召使は一般囚で、彼のために炊事や掃除をしていた。彼は自分の資産を使って、このような生活を送り、他の人たちは一般囚の食堂を使わなければならなかったのだが、そんなことは一度もしないですむようにしていたに違いない。彼は、腐敗した監獄当局にたっぷりの賄賂を贈って特別扱いとなっていたのだ。他の収監者たちの食事はいつも変わらず、米、固ゆでの麺、バナナの「フフ」という料理、スープだった。どれもお粗末な出来で、量はごく少なかった。

そこに重要な変化が訪れた。監獄長が日本人の要請に応じて自炊の許可を与えたのだ。これは、カトウ、ナイトウ、フジタ、ゴサク・カイダが直接交渉した結果であり、この自炊のために、当局のもつわずかながらの支給品が渡されることになった。さらにそのうえ、中庭内の小さな区画に畑（これは彼らの食事に欠かせない）をつくることも許された。間もなく日本人の大半は、生まれてはじめて四十ポンドの重量のメロンの収穫を見守ることになる。このようにしてついに、彼らは時に、魚、米、野菜、肉料理などが食べられるようになった。料理長には、ホベジャノスのゴム工場の所有者で、キューバ人と結婚していたジョウスケ・フジタが選ばれていた。わずかなあいだに彼らは、日本人棟の一階に、調理室と、テーブルと長椅子を備えた食堂を設置した。これは、彼らが収監されて六カ月後のことで、それまでのあいだ彼らは、毎日毎日、一般囚の食堂に入るために長い行列をつくらなければならなかったのだ。

日本人が強制収容所に到着する前に、内務省とモデロ監獄の責任者たちは、管理と監視の徹底した措置をとることで合意していた。そのため、二棟の長方形の建物を結ぶ渡り廊下が上階につけられて、一般囚との直接の交わりが防止された。さらに、日本人やドイツ人、イタリア人が散歩や日光浴をする中庭を囲んで高い柵が据えられて、一般囚とのあらゆる接触を絶った。後に収容所当局は日本人棟の各階に、無料の床屋をおいた。この床屋は、日本人をスパイしたり監視したりする使命をもっていたのだという者もいた。

さて、日本人と結婚していた七十八人の日本人女性と四十二人のキューバ人女性の実状はどうだったろうか。彼女らの多くは幼い子どもを抱え、一家の大黒柱の経済的支援も家族としての支えもなく取り残されていた。

おそらくこうした女性たちの我慢強い頑張りを端的にあらわしているのは、モサク・ハラダの妻で六人の子の母であったケサノ・ハラダのケースだろう。彼女は、畑の耕作、植えつけ、施肥といったことから、乏しい家計のやりくりまで、すべてをこなした。小さな子どもたちの面倒をみ、粗末ながらも食事と服を与えただけでなく、子どもたちに父と母の国の言葉を教えることもやめなかった。

夫や子どもがモデロ監獄に捕えられていたあいだ、日本人の親族・家族の集まりは禁止されていた。当時のキューバの為政者から陰謀のおそれありとみなされたためである。この期間にはたくさんの家庭で、最も親しい親族の写真や手紙などが燃やされた。このことによって、多くの日本人移民の歴史的記録となる写真や文書類の一部が失われた。

収監されていた人々の妻は、キューバ人であろうと日本人であろうと、生活のために、常に最も過酷な仕事に就かなければならなかった。農業その他に仕事の口を求めたり、手押し車で村々をまわって物売りをしたり、個人の家で料理人やお手伝いさんとして働いたりした。理容師、お針子、エレベーターガールとして働いた者や、お菓子や氷菓子、紙の造花をつくったり、洗濯をしたり、アイロンをかけたり、その他の職業についたりした人もいた。日本人の家庭同士で助けあえた例はほとんどなかったが、多くの者が近隣のキューバ人からの助けを受けた。ロサ・タチカワをはじめとする多くの母親たちは、その人となりの高潔さや、貧しい人々との結びつきからいって、このような助けを受けるのにふさわしい人たちだった。また、マサエ・ウラツカのような女性たちは、子どもたちとともにマタアンブレ鉱山の米国人経営者からの弾圧に耐え抜いたことでそれがいえる。この経営者は、さまざまなことをしたが、例えば、マサエの家の電気と水を止めてしまったのである。一般的な傾向として、庇護なく取り残された日本人家族たちは、キューバ人隣人の援助を受け、そのうえ尊敬もされていた。ウトヲ・イハもまた、ハティボニコで理容師として働いて二人の子どもを食べさせていたことで、賞嘆を受けていた。

イスラ・デ・ピノスでは、ケサノ・ハラダが他の収監者の日本人妻とともに、農作物を黒砂糖(当時、一番安かった)と交換したり、売ったりしていた。さらに、夜間に集団で魚を取りに行った。捕まえた魚はみな子どもたちに食べさせたが、監獄にいる家族が耐え忍んでいた空腹を少しでも癒すのにも供された。

捕われの身となったことで、商売を営んでいた日本人は、それを失うことになった。政府に押収されたためだけでなく、前出の政令三三四三号の十八条の規定によって、取り戻す可能性がまったくなくなったのである。この条文は、日本人の財産を国家側が売却できる理由を明確にしていた。この理由は、劣化してしまうと推定できる、もしくは保存に高い費用がかかるというものから、公売まで、さまざまだった。

収容されていた日本人たちは、建物のなかでも、屋外の中庭でも、おかれていた状況に生活を適応させようと試み、時間が少しでも早く過ぎ去るよう努めた。当然ながら彼らは、いつまで監獄にいなければならないか、知らなかった。

日本人収監者のあいだに、文化は不在ではなかった。前述したキンジ・タチカワのケース（彼は、シャミセンという三本弦のギターをこしらえた）以外にも、タカト・ヨシダの例などがある。タカトは「趣味の良さと両手の才能を発揮して、絵を描いたり、刺繍をしたり、島の美しい木で木彫りをつくったり、その他の手工芸品をしたりして、できた作品は、後に友人や家族・親戚に贈っていました」(9)。

この話が興味深いとすれば、一般囚のなかに、タカトに工具や木材やその他の道具を提供した者がいたこともまた、興味深いことだろう。

本書の著者らは、タカトが監獄内で制作した作品をいくつか入手しているが、その芸術的な仕上がりには驚嘆させられる。豹の浮き彫りが施された、美しい木に彫られた彫像（当時のもので残っている唯一の木彫り）の出来映えは見事である。しかし、絵画もまた、負けず劣らず素晴らしい。例えば、監獄の中庭で球技をしている日本人の集団を描いたものがその一例である。家族の小さな写真から、それを大きく引き伸ばした絵を何枚も描いているが、もとの写真と比べると驚きを禁じえない。

日本人一世や二世以降の人たちにインタビューを行なってきたなかで、モデロ監獄の強制収容所に初期に到着した日本人収容者のひとりであるトマス・ホンマ・ナカムラとの会談のもつ意味は、大きかった。トマスは、感情を大きく動かされた様子で、弟のホセやその子どもたちと長いこと相談してから、私たちに、収容されてから釈放されるまでのあいだにしたため日記があることを教えてくれた。日記にはあまりに悲惨な出来事が記されているので、一度も開いたことがないのだと、何度も強調した。この日記は調査にとって非常に重要なものであるからと私たちが懇願したところ、提供していただけることとなり、収容所での暮らしを解明するにあたって、確実に貢献してくれたのである。

小さな、けれども判読可能な文字で、時にごく小さな紙に書かれた日記からは、読む人の心がはり裂けそうになる記述が読み取られる。トマスは典型的なケースをたどったといえるだろう。彼は一九四三年二月三日に、両親の消息を尋ねていたところを逮捕された。両親は、エル・セーロのサラビア街にあった対敵性活動事務所内に拘束されていたのである。トマスは父親に会うことができたが、母親にまみえることがかなったのは、それから三年後のことだった。

トマスおよび父親のヘイジ(10)と他の大勢は、カスティージョ・デル・プリンシペ刑務所に移送され、そこからスルヒデロ・デ・バタバノ、イスラ・デ・ピノスのヌエバ・ヘロナを経由して、モデロ監獄へと連行された。常に警察の護衛つきだった。親子は四階の四十二号房を共有した。最初は床の上に眠ったが、後には二人用のベッドを使った。

初期には、長方形の建物の各房には扉がなかったが、その後、収容所の責任者は、そこにシャワー用カーテンをかけた。二階、三階、四階の各房は二名が定員で、この二名は二段ベッドに眠った。ベッドは朝になると壁に向かって畳むことができるものだった。五階の収容人数は、各房にひとりずつが入って、計五十人だった。房には、ごく狭いスペースに便器と洗面台があった。収容者はシャワーを浴びるのに一階に下りなければならなかった。もちろん、すべての窓には鉄格子がはまっていた。

彼らは収容所に到着すると、規律正しいルールが存在することを知らされた。それは次のようなものだった。起床は午前七時半、朝食は午前八時半、午前十時から十一時まで日光浴に出て、正午に昼食。昼食後は各自の房に戻って、午後二時まで完全な静寂のうちに過ごさなければならない。夕食の時間は午後七時、午後十時には沈黙に暗黒が加わる。就寝の時間なのである。

家族の面会は毎月第三木曜日の正午から十五分間と決められていた。当初は五分間だった。この面会のやり方は、グロテスクとしかいいようがなかった。三、四名の収監者とその面会者とのあいだに背の高い衝立が立てられ、その真中に警官が一名配置された。会話は距離をへだてたもので、一メートル以上の間隔があり、スペイン語で話さなければならなかった。もちろん、このような規制のなかでは、手を触れることさえできなかった。面会が許されていたのは、親兄弟と妻子だけであった。

面会について、ゴロウ・ナイトウが自身の経験を回想して私たちに語ってくれたのだが、収監者と面会者のあいだでやりとりするには大声を出す必要があった。そのような悪条件下で話をしなければならなかったので、あたりのうるささは耐え難いほどだったそうだ。

面会をするために家族は、エル・ピネロ号もしくはエル・クバ号という船に乗って海を渡らなければならなかった。これは、スルヒデロ・デ・バタバノを出発して午前中にヌエバ・ヘロナに到着し、同日午後八時に戻るという便だった。往復切符の代金は五ペソで、さらに食事代や、時には身繕いのための安宿の代金も必要になった。当然ながらこれは、ほとんどの人にとっておいそれと手の届く額ではなく、定期的に出費できるものではなかった。

通信の検閲は大変に厳しかった。手紙のなかに検閲官に理解できない言葉があった場合、もしくはただ単に削除することを決めた場合にも、その文字が書かれている場所が切り取られた。この措置は、収容所に到着した手紙にも、収容所から出される手紙にも適用された。

日本人収監者のうちのかなりの人たちが、その場その場で球技のチームをつくって、土曜日にプレーした。サッカーの場合、日本人同士だけでなく、ドイツ人相手に試合をすることもあった。

サッカーの日は日曜日だった。キューバ生まれの二世のために、トウジ・セザイが担当して、日本語教室が開かれた。リンゾウ・（ヒューゴ）・オオヒラから英語を習う人もいた。リンゾウは、ハバナのオビスポ街にあった土産物店の店主だった。セザイ、リンゾウ両人とも、やはり収監者だった。

リンゾウの兄はタダオといい、強制収容所から先に出ることのできた唯一の日本人だった。日本に、同じく囚人として捕えられていたキューバ人の役人と、交換されたのである。

収容所構内で、日本人は、五階を使って長い期間に渡り、日本語での劇の上演をした。また、収容所の図書館に申請して雑誌を読んだ。新聞が自由に読めるようになったのは、一九四三年十月の初旬以降のことだった。

こうした監獄の環境下にいても日本人たちは、自国の習わしや、重要な日付や出来事のいくつかを、しっかりと覚えていた。例えば、天皇誕生日や海軍の日などがそうであった。新しい年が明けると、日本語の歌がいろいろと歌われた。そのなかには「愛国行進曲」というタイトルの歌があった。いろいろな目的（例えば日本語の先生と英語の先生への謝恩といったもの）で、ティーパーティと呼ばれる集まりを開催する者もいた。この他、日本の同地域出身の者同士が集まって、思い出を語りあうこともあった。

ラジオを聞く許可は、変遷をたどった。一九四四年九月には正午から午後一時までおよび午後六時から午後七時まで許可されており、日曜日には各時間帯三十分ずつ延長された。一九四五年五月八日、ドイツ・ファシストの無条件降伏とほぼ時を同じくして、ニュースを聞く許可が停止され、音楽を一日二時間聞くことしか許されなくなった。この時期、収監者たちはたびたび、低空を米国空軍の飛行船が飛んでいるのを目撃している。この飛行船はロス・バニョスのサン・アントニオ基地のもので、カリブ海とフロリダ海峡を常時厳重な警戒下におき、この海域に敵の船が入り込まないようにすることを使命としていた。

ナチの敗北以降、日本人とドイツ人に対する規則が軟化していったことを示す現象がみられた。例えば、収容所内で両者は常に隔離されていたが、その間隔がさほど厳しくなくなり、一九四五年の六月一日には　日本人の前で二人のドイツ人がバイオリンを奏でるコンサートが催された。

その他の触れておくべき事象として、在キューバ、スペイン公使館より日本人に対して金銭的支援があったことが挙げられる。スペイン公使館は、さまざまな証言によると、日本領事館の残していった権益の代行者になっており、キューバにおいて収監されていた日本人への配慮もそのひとつだった。この支援により彼らは、月三ペソを、要請した者に限ってだが、受け取ることができ、収容所内での最低限の要にあてることができた。

おもしろいことに、日本人ひとりひとりについて預金帳のようなものがつくられていた。ここに家族からの仕送りが入金され、また右記の支援金も記帳された。この制度は一九四三年二月二十五日に開始され、やがて引き出すことができるようになった。一九四四年七月二十四日よりスペイン公使館は、収監者の妻らに、その請求がありさえすれば、十ペソを支給した。この支援については、まったく知らなかったと指摘する証言もあれば、知っており、家族がこれを受け取っていたという者もある。

この状況において、強制収容所の腐敗した各部署の責任者たちは、収容者の二、三の要を満たす折にいわゆる個人的利益を得られることを見逃しはしなかった。そうして、夜間の照明を負うものである電球一個につき一・二五ペソを取り立て、食べ物やお茶を自室で温めるためのアルコールコンロに対しては三・〇〇ペソを徴収した。

日本人以外の、ベルリン—ローマ—東京枢軸に属する国々出身の収監者の多くは、第二次世界大戦が終結する前に解放された。最初に釈放されたのは、商船レクセ号の乗組員たちだった。彼らは全員イタリア人で、一九四三年二月二十八日に解放された。イタリア人収監者の残りの者たちは、一九四三年十一月二日の政令三〇八五号によって自由の身となった。これは、イタリア政府の降伏を受けてのことであった。ドイツ人たちは、一九四五年五月九日のドイツ降伏から数週間のあいだに収容所を去っていった。

日本人については、これとまったく反対であった。収容所の日本人の代表であるヒデイチ・カトウはある役人より、一九四四年七月十六日以降、七十歳以上の人が釈放されるかもしれないと伝えられた。これは、一九四三年の四月から、喧伝されながら具体化されていなかったことである。このため七月になると、この件は盛り上がりをみせ、また大いに現実味を帯び、この年齢に該当する十二人ほどが集まって、釈放されたら何をするかを語りあった。この時二人が、戦争が終わってから出たいと述べた。残りの者、家族のいない者のために日本人収監者のあいだで計百五十ペソが集められ、人数割りして同額ずつ渡されることになった。しかし、すべては当局の人たちの言葉だけに終わった。日本人が釈放されたのは一九四六年、日本が降伏した一九四五年八月十五日[11]の何カ月も後のことであった。

右に述べた、解放されそうな人を金銭的に援助しようとしたことは、イスラ・デ・ピノスに収容されていた日本人間の相互扶助の唯一の例ではなく、他にも助けあいはいくつも行なわれた。例えば、誰にでも輸血できる血液型だったカンジ・ミヤサカは何度となく、病気になって外科手術を受ける日本人に輸血する血液を提供した。彼が受け取っていた食料の量はそのエネルギー損失の回復にまわせるほどなかったことを考慮に入れるなら、この献血がもつ愛他精神の大きさがさらによく理解できるだろう。

日本人の強制収容は、思慕や郷愁と無縁ではおられなかった。いきなりの逮捕のために、本人の自由意志のもとに残してきた愛する人を恋い、また、日本生まれでキューバで独り身だった者は、生まれた土地や家族らのことを考えた。

トマス・ホンマ（彼は常に父親に敬意を払いつつ細やかな世話をやいていた）の日記には、窓の格子のそばで水平線をみつめたという記述が何箇所かみられる。おそらく、気持ちを慰めるためであり、また、何カ月にもおよぶ監獄での暮らしや、たくさんの病人や苦しみをみていなければならないことを、少しのあいだでも忘れるためだったのだろう。例えばこんなふうに書かれている。「四階の私の部屋の、格子のはまった窓からは、我らが愛するアンティリャスの海の青みがかった水がみえる。熱帯の海風に後押しされて進んでいく帆船に乗って漁師たちが通りすぎる光景は、見飽きることがない」。ホンマには、キューバへの帰属意識があったのである。彼は日本人を両親として、キューバで生まれていたのだから。

一九四五年十二月二十五日、移民一世何人かと二世九名が釈放された。彼らの出身地はカマグエイ、トリニダー、コロン、ハバナであった。この日彼らは、自由の身とはなるが、ただちに立ち去らなければならないと告げられた。しかし、翌朝の船に乗るためにその夜は刑務所で過ごさなければならなかった。彼らは蒸気船エル・ピネロ号で、スルヒデロ・デ・バタバノに向かった。この町では最終的に解放されるまでのあいだ、プエンテ・デル・チボという名で知られる場所にある木造の映画館に、一時的なかたちで収容された。移動の費用は収容所側が負担した。

イスラ・デ・ピノス監獄における日本人についての非常に興味深い話を、三階に収監されていた百二人の日本人のひとりであるゴロウ・ナイトウにしていただいた。彼は、一九四三年二月四日に逮捕され、一九四六年の一月まで収容所に入れられていた。

ナイトウも他の日系移民一世たちも、どうして釈放が遅れたのかまったく知らなかった。彼らの多くは、一九四六年の三月まで留めおかれた。確かなのは、最初に釈放された日系一世は、妻子のある者であったことである。ナイトウは一九四六年に最初に釈放されたグループに含まれることになった。彼のキューバ人の婚約者が、結婚式を行なうはずだった時に彼は逮捕されていたと訴えたのだ。その当時、ナイトウの婚約者、ルイサ・デ・ヘスス・ロペス・ペレスは小学校の先生であり、三十人の子どもたちに授業をしていた。釈放のあった一九四六年、二人は実際に婚約を取り結んだ。

ゴロウ・ナイトウとルイサ・デ・ヘスス・ロペス・ペレスの結婚写真。1946年3月2日。

(1)「終わりなき痛み」PPC中央委員会革命指導部、1974年11月、ハバナ。(写真付き小冊子で、冒頭には、「キューバの政治監獄」(1871年)に掲載されたホセ・マルティの次の言葉が引用されている。「終わりなき痛みは、この本のとりうる唯一の名前だろう。終わりなき痛み。なぜなら、監獄での痛みは、最も強烈で、すべての痛みの最強の破壊者であり、知性を殺し、魂を干からびさせてその上に、二度と消えることのない痕跡を残すから」)

(2)1901年生まれ。1952年に軍事クーデターによってカルロス・プリオ・ソカラス大統領を退陣へと追い込み、自らは第17代大統領に就任した。1959年のキューバ革命で失脚。ドミニカ共和国へと亡命し、1973年にスペインで死去した。

(3)キューバ共和国、官報号外、行政府、1941年12月12日金曜日。

(4)パストール・グスマン・カストロ「日の出ずる国からの愛」、エスカンブライ紙、サンクティ・スピリトゥス、2000年7月29日。

(5)収容は、18歳以上の者に対して行なわれた。さまざまな理由から、4人の日本人が収監から除外された。日本人の男性の数345人に女性の78人を加えると、1943年には413人の日本生まれの日本人がキューバにいたことになる。

(6)1900年4月25日、日本生まれ。1920年にキューバに到着し、1985年に死去。サクヤには生涯、強制収容されることになった理由は告げられなかった。刑務所を出て以降、健康を回復することなく死亡した。

(7)トマス・ホンマ・ナカムラ。イスラ・デ・ピノス収監中(1943年-1945年)の個人日記。

(8)ゴロウ・ナイトウ。ハバナにて2000年の3月から10月にかけて行なわれたインタビューより(ゴロウ・ナイトウより提供された情報によると、1946年、18歳以上の日本人男性の収容が終わった時、キューバにいた日本人移民は337人である。この数には、収容中に死亡した8人が入っておらず、また、さまざまな理由からイスラ・デ・ピノスに送られなかった4人を加えてある)

(9)タカトの娘、エスペランサ・ヨシダ談。2000年8月、ハバナ。

(10)ヘイジ・ホンマは1896年5月19日生まれ。キューバ到着は1919年。セントラル・ティングアロの庭師であった。

1981年死去。

(11) 日本の軍事政権の降伏は、米国が広島（八月六日）、長崎（八月九日）両都市への原子爆弾を投下したことによって避けられない事態となっていた。この致命的な殺人兵器が投下された時点で亡くなった人と、後遺症により亡くなった人との総計は、今日までで数十万人にのぼる。さらに数千人のヒバクシャ（生き残った人）が、放射線によって引き起こされる障害によって死亡するものと思われている。これはまさしく大量殺戮（ジェノサイド）であったが、さらに危惧されるのは、核の脅威がいまだ消滅していないことである。

第十三章　断絶と社会崩壊　収容のもたらしたもの

日本人移民の取り扱いに関して、キューバ政府およびアメリカ合衆国政府が大日本帝国に対する戦争のあいだにとった行動のまとめとして、以下のように情報提供と考察を行なうことができるだろう。

米国が一九四一年に十二月七日の真珠湾攻撃の後に日本に対して宣戦を布告した際、米国軍工兵隊は、全国各地に収容所を多数建築するようにとの命令を受け取った。そこには百万人を超える日本人が入れられ、全員が法務庁の責任下におかれた。幾千もの家族がこれらの収容所に送られた。そのなかには、家や仕事を放棄することを強制されたあらゆる年代の親子の姿があった。アメリカ大統領フランクリン・デラノ・ルーズベルトの署名のある一九四二年二月十九日付けの行政命令九〇六六号によると、彼らが軍事的脅威とみなされたためである。

さらに、米国の収容所にはラテンアメリカの三つの国から、総計二千二百七十四人の日本人およびその子孫の男や女や子どもらが、各国政府の了承のうえで、送られている。(1) 強制収容された者のうち八百七十人は、同数の米国人または同盟国の捕虜との交換に使われた。このことから、彼らの戦略的な位置づけは、人質すなわち捕虜交換要員のプールであったと推測することができる。ところが、ラテンアメリカからの日本人は同様の扱いとならなかった。彼らは米国に着くと、旅券を取り上げられ、以後、不法移民とみなされ、同時に米国の安全に対する危険因子であるとして取り扱われたのである。

彼らへの扱いは、屈辱的で非人道的なものであった。これについて証言してくれたアート・シバヤマは、当時十三歳であったが、その衝撃はいまだに忘れられないという。ニューオリンズに到着すると、彼と五人の弟と母親は服を脱がされ、「裸のまま列になってまたされて、DDTを振りかけられました」[2]。後になって、その地域の収容所にいた人たちはみな、列車でテキサスのクリスタル・シティの収容所へと運ばれた。そこは「鉄条綱の柵と、機関銃をもった警備兵に取り囲まれていた」[3]。

ラテンアメリカの住民だった日本人は、テキサス州シーゴビル、アイダホ州クースキア、ニューメキシコ州サンタ・フェ、フォート・ミズーラ、モンゴメリー、クリスタル・シティにおかれた収容所に配分された。

キューバでは十八歳以上の日本人が、例外を除いて、イスラ・デ・ピノスの監獄に入れられ、第一世代と第二世代の女性のごく一部がハバナのアロジョ・アレナスの刑務所に送られたが、米国では経験的に、太平洋岸の地域に住む日本人をいっさい容赦しなかった。他の地域に住んでいる者はこうではなかった。これは、日本からの国土攻撃があった場合に、第五列（対敵協力者）となりうると考えられたからである。いずれにしても彼らは、戦争をしている相手国が生まれ故郷であったがために、虜囚となったのである。

米国の収容所の生活環境や衛生状態はひどいもので、また監視が引き起こす抑圧での死傷者もでた。カリフォルニアのマンザナー収容所の場合、一万人の収容者に対して医師が一名いたのみで、手伝いをする看護師のひとりすらいなかった。水道もなく、収容所内の人たちは厳しい冬のまっただなかでもトイレや洗面のためにバラック小屋を離れなくてはならなかった。そのうえ、鉄条網と、厳重に警備する軍人とに取り囲まれていたのである。

一九四〇年の人口調査によると米国には、二十八万五千百十五人の日本人およびその子孫が存在していたが、(4)このうちの後者、収容所に送られた国内生まれの者たち、つまりは米国市民である者たちの何百人もは、自国すなわち米国のために戦いたいと申し出ていたにもかかわらず、捕虜として扱われるという矛盾が生じることになった。しかしながら、この事態はその後何カ月もをかけて回避され、完膚なきまでの差別を伴ってではあったが、米国軍に日系人が編入された部隊がつくられた。その一例が四四二連隊の戦闘団である。(5)このチームこそ、米国軍の歴史上最も多くの勲章を授かった部隊のうちのひとつであり、この隊のメンバーの一部は米国軍兵士に授けられる最高の勲章である議会名誉勲章を獲得している。しかし、五十五年後にあたる二〇〇〇年現在においても、アメリカ大統領はこの勲章を受けるべき二十一人にまだ授与していない。このうち多くは故人となっている。(6)

この世界規模におよんだ戦争が終わると、クリスタル・シティの強制収容所に収容されていた日系ペルー人九百四十五人が、その意志に反して、日本に送還された。壊滅状態と貧困のただなかにあった日本に。彼らは、ペルーに戻ることが許可されなかった。また他のラテンアメリカの国々から連れ去られた人たちも、もとの国に戻ることが許されなかった。米国での長い法廷闘争の果てにようやく、何百人かの日本人およびその子孫たちが米国にとどまることができ、また別の者はラテンアメリカのさまざまな国への再入国が許されてそこに住むこととなった。

米国の強制収容所に収容されていた人たちも、キューバのモデロ監獄に入れられていた人たちも、すべてを失っていた。どちらも同様に、収監とその後の釈放をとおして、彼らの根とするものからの甚大な断絶がもたらされた。キューバにおいても米国においても、移動させられそれまでの仕事を失っていた彼らは、共同体が崩壊し社会的絆も失ったなかで、あちらの地域からこちらの地域へと放浪することになった。

キューバで、一家の長をモデロ監獄に連れて行かれて、庇護なく、頼るべき親なく残された日本人の家族たちには、その体験が消しがたい記憶として刻まれたことだろう。

父親が無理矢理に連れ去られたことが子どもたちの心的外傷となっているケースが多くみられる。フランシスコ・ミヤサカの場合もそうであった。彼はいまでも、父親が逮捕された時のことを鮮明に覚えており、そのことを思い出すと心がとても痛むという。「村兵が二人、父を逮捕しにやってきました。私たちの住んでいた農家から続いている小道を通って、二人にはさまれて連れて行かれる父の姿を私は覚えています。その時私は四歳でした。これは四歳の時の唯一の記憶です」[7]。

イスラ・デ・ピノスへの収監が終わり、自由になった日本人の示した傾向としては、独身者にはキューバ内の出身地に戻らない者がいる一方で、既婚者はやはりキューバ内にいる家族と再会するために旅立った。この人たちのうち、仕事をくびになっていたり、小規模の商売の元を失っていたりした者は、隣りの地域や他の州へと移住することを選んだ。首都ハバナやピナール・デル・リオへの大移住といえる現象が起こった。仕事の口を求めてサパタ・デ・シエナガ［マタンサス州］のような厳しい条件の土地へと向かい、炭焼きに従事した人もいる。

収容される前にもっていた職や商売を失った人のリストは非常に長い。ユウジ・チクイの場合もそうであった。彼はその後、カマグエイ市発電所の変電所の所長にまでなった人物である。収監後、彼は、電気の仕事を個人的に行なうという、別の道を歩まざるを得なかった。

自らの努力によって裏打ちされた実力で彼は、大学卒の学歴なしに、電気に関する最も複雑な問題に精通するようになった。それから何年もの後、一九六四年に彼の存在は、当時工業省の大臣だったエルネスト・チェ・ゲバラ司令官の注意を引くに至った。

チクイは、一九七三年に七十歳で引退する時には、カマグエイの最も重要な変電所のひとつの所長だった。彼は、その地域および国内の他の地域の経済に影響をおよぼす甚大な障害が起こった時、常にそれを解決してきた。

３歳のフランシスコ・ミヤサカの写真。父カンジ、母ケサノと共に。1941年、カマグエイのセントラル・ステワートにて。

ユウジ・チクイ、ナミ・チクイ夫妻。1982年、日本滞在の折に。

収容されていた既婚者で、家族のもとに戻り、後にハバナに移住した人のなかに、ヘイキチ・モリ・タキグチがいる。[8] タキグチはハバナ郊外のコトーロ町に居を定め、庭づくりに取りかかった。彼は庭の一部で実にさまざまな花を栽培して摘み取り、販売したのである。接ぎ木その他の庭師仕事を行なう一方で、家の庭全体を主として野菜類を栽培する実り豊かな畑に変えた。

イスラ・デ・ピノスに収監されるという不幸な経験の後も、移民およびその子孫たちが日本に移出するという大きな流れは生じることなく、一部の人たちの帰還がみられただけであった。出身国に帰ろうとするどんな意志も、キューバに住む日本人家族の多くがおかれていた貧窮や、また第二次世界大戦後の日本の壊滅状態の前には、敗れ去るしかなかったのだ。また、キューバ在住の日本人の大半（そのなかにはこの国で子どもをもうけた者もいた）が、キューバに対して第二の祖国としての愛着を抱いていたことも忘れてはならない。彼らはこの国にすでにとけこんでいたり、あるいはその途上にあったりと、当然起こりうる文化融合のさなかにあったのである。

日本への人の出入りの状況は、とくに一九五〇年以降、かなり複雑であった。民間人や軍人が、移住していた土地や占領していた地域から、計六百二十四万九千人、国内に帰還している。[9]

サンフランシスコ講和条約によって、一九五一年に連合軍による日本の占領が終わると、移民の規制が廃止され、一九五二年から一九五七年にかけて何千もの移民がブラジル、パラグアイ、アルゼンチン、ドミニカ共和国、ボリビアに向けて出国した。[10]

日本に住む人たちがいかに苦しい生活をしているかがキューバに伝わると、日本人家族のなかには、精一杯の努力をして、食料や衣服、その他の物品や金銭の仕送りを再開する者もあらわれた。この仕送りを行なうのに関係者は、米国のサンフランシスコにある日本人仲介業者を利用した。キューバで懸命に働いていた多くの日本人が、節約して日本に住む親族などのために仕送りに励んだが、こうした姿勢は顕著に、また長きに渡ってみられたものである。仕送りは第二次世界大戦以前から行なわれていた。

日本人はキューバから上記の業者に為替で送金するとともに、日本の親族に送りたいもののリストを送った。仕送りを受け取った親族は送り状に署名をし、これがキューバにいる送り主に回送された。直送する方法がとられることも少なくなかった。このために日本人は、住んでいる場所から最も近い通関を通して、古着の小包を送った。この時「額面ゼロの古着」と刻印を押して、商用ではないことを示した。

キューバに移住した日本人が、世界大戦後、一万二千キロメートルも離れた親族の差し迫った必要に貢献しようといかに努めたかについては、多くの事例を挙げることができるだろう。例えば、トシ・イトカズ［糸数稔］の例である。トシは沖縄の親族や知人にお金や衣服や、手動のミシンまでも送った。

トシはこのような目立った仕送りを続けたので、一九八七年に沖縄に旅した時（これは、キューバに来てから五十年後のことであった）同県より多くの歓待を受け、招待が相次いだ。

キューバ人にとって、イッセイ（第一世代）、ニセイ（第二世代）という言葉は第二次世界大戦前から一般的になっていて、通常、日本人の子孫をいうのに広く適用された。こうして、サンセイ（初代移民の孫）、ヨンセイ（初代移民のひ孫）という言葉も知られるようになったのである。

日本人のキューバにおいての生活はキューバ人と同じであったが、失業、生活に窮する薄給、社会保障の不備、激しい差別により、キューバ人以上の困窮を強いられた。特に、収容を解かれた一九四六年以降はそれが著しかった。まさにこの年に、キューバ人の碩学フェルナンド・オルティスが『民族の欺瞞』を上梓した。[11] これは、民族主義の仮面を剥ぐことを目的に著された学術書であったが、それだけでなく、ナチのファシズムが第二次世界大戦で軍事的に敗北した後も、民族的偏見の旗手である報復主義者たちにとって、いかに民族主義が現存しているかを警告するものでもあった。

第二次世界大戦後、米国人が所有する砂糖工場で日本人が働き、上司にあたる彼らに侮辱されたり差別されたりすることがあった。カマグエイのセントラル・ベラスコでは、白人や黒人や中国人それぞれの協会によって組織されるパーティに、日本人が参加することが禁止されていた。

同様の事情が、ヨネ・エノモト・サクラの場合にもあてはまる。彼女は何年間も、小学校の代理教師のままであった。この状況に、給与の低さや、遅配が何カ月にもおよぶことがあったことを考えあわせてほしい。適性からというより必要から、何事かが学ばれていた時代であった。キューバ革命の勝利の後にはじめて、一九五九年以前に何十年にも渡って働き、それ以後も働き続ける移民たちが、あらゆるキューバ市民と同一の権利を得て社会保障の恩恵を受けられるようになった。

一九七九年の法律二十四号によって、国籍にかかわらずすべての人が、五年の期限内であれば、書類と二名の証人をもって、働いてきた年限を証明できることとなった。この労働歴は、社会生活のどのような分野におけるものでもよく、経済活動でも、生産活動でもかまわなかった。この法律は、差別や排除のないものであった。外国人であっても、それまでの人生のすべてもしくは一部を、懸命に働いたり、家族をつくったり、キューバの国に完全にとけこんだりすることに費やしてきた何千人もの男女が、公平に取り扱われた。このようなケースが何百とあったが、サンクティ・スピリトゥスのタグアスコに住むカイチ・スギモトもそのひとりだった。カイチの娘ミルサは、父親が次のように語ったことを覚えている。「私は、外国人にこんなにやさしく親切にしてくれる人たちをみたことがない」。

一方、キューバにおいて、日本人およびその子孫たちの絆を維持するための真剣な努力がはらわれてきており、それは現在も続いている。

過去に目を向けると、一九二七年にキューバ日本人会が設立されており、初代会長はリイチ・

サカキバラ、[12]続いてヒデイチ・カトウであった。両者は商店主であり、移民社会を代表するに足る人格を備えていた。この会を主宰する役目は、会の消滅まで、両者のあいだで二年ごとに交代した。同会は、公式に登録されていただけでなく、ハバナのマロハ通り二九番地にあるキューバ人の家の上階にオフィスをもっていた。このキューバ人は日本領事館で働いており、その場所を会に提供したのである。会は、日系人が大勢住んでいる地方に委員をおいていた。

日本人会の会員は、女性を除いて、五十センタボの月会費を払っていた。会の行事として、文化的な集会や、その他の、例えば日本の船の歓迎行事などが催された。この歓迎行事では、キューバ当局と共同で計画を立て、到着した日本の船をキューバ市民が訪れたり、船員たちが市内を見物したりする催しを実施した。日本人会は、毎月、キューバの日系移民社会に関わる情報を掲載した通信を、謄写版で印刷して発行した。

第二次世界大戦がはじまると、キューバ日本人会は消滅することになった。運営に携わっていたメンバーが真っ先に、イスラ・デ・ピノスの監獄に送られたからである。

現在は、ヌエバ・ヘロナに本部をおくイスラ・デ・ラ・フベントゥ日本人会が活動している。[13]この会は、相互扶助と教育と娯楽の団体として設立され、一九七三年六月十日の臨時総会で規約が承認されている。その当時の会長はタケオ・クボで、テルオ・マツモトが事務局長であった。

この会の目的は、会員の福祉、会員の団結、およびキューバ市民と日系人の友愛の向上に寄与することである。イスラ・デ・ラ・フベントゥに住む日本人と、この地で生まれたその子どもたちが協会のメンバーである。

同会（イスラ・デ・ピノス日本人会を前身としてもつが、元々の登録の日付は記録されていない）は、設立初期から、会員向けに工業および農業指導の講演会や教室を開催するなど、活発な活動を行なった。

イスラ・デ・ピノス日本人会の規約の一九五五年版には、会が解散する場合、基金の五十パーセントをハバナ慈善産院に、残りを他の同種の日本人会に引き渡すことと規定されている。当時、十八歳以下の者や成人女性も会員になること

1989年、ゴロウ・ナイトウ（左）を写した写真。ハバナの国立植物園内に日本庭園を造園している時のもので、氏は日本側のコーディネーターとして参加した。

ができた。この者たちは、会の活動の恩恵を受ける権利をもっていたが、投票権はなかった。会費はいっさい徴収されなかった。十八歳以上の男性は、毎月四十センタボを支払い、発言権と投票権をもち、役員になることができ、会の霊廟に対する権利をもっていた。会は、会員への対応のために、イスラ・デ・ピノス内に多くの委員を擁していた。委員がおかれていた地域は、ヌエバ・ヘロナ、サンタ・アナ、マッキンレイ、サンタ・バルバラ、フカロである。

二世以降がキューバにとけこんでいくにつれて失われていくアイデンティティを守るために、キューバ日本人会（一九二七年－一九四一年）の試みを再び、という意向がもち上がり、キューバ日系人協会の理事会が開催される運びとなった。キューバ日系人協会の初代会長にはヒデイチ・カトウが就任し、その期間は一九五七年から一九六七年であった。続いてヤスオ・ナガセが一九六七年から一九七八年、ゴロウ・ナイトウが一九七八年から一九九〇年に渡って会長を務めた。その後、カンジ・ミヤサカが一九九〇年から一九九七年まで会長となり、一九九七年からは、第二世代となるカンジの息子、フランシスコ・ミヤサカが会長の座にある。

一九六四年にハバナのコロン墓地に、キューバで死亡した日本人およびその子孫のための霊廟が竣工した。このことは、疑問の余地なく、社会的、統一的意味における大きな前進であった。ヒデイチ・カトウから納骨室が寄進されたが、現在までに使われた納骨室はふたつだけである。前記の霊廟には納骨堂が備わっていて、死者の遺体が二年間埋葬された後に、ここに運ばれる。

キューバにおいては、日本人移民第一世代の自然発生的な老齢化が、目立って進行してきており、交代する者もいない。死亡だけでなく、キューバから出国する者もいるため、この世代の人口減少は著しい。平均年齢も、非常に高くなっている。

第一世代の大部分がいなくなったことに伴い、日本にいる親族との交信が失われていった。これは、第二世代以降が日本語を知らないためであり、もしくは、ただ単に、キューバに住んでいる人と日本にいる人とのあいだの手紙を日本語で書いたために住所がわからないということが、過去あるいは現在において起こっているためである。結果として、解消されていないトラウマとなっているが、散発的に行なわれている日本からキューバへの訪問や、キューバ日系人の日本への訪問が解消への動きとなっている。

ハバナ・コロン墓地内の日本人移民の霊廟。
1964年建立。

次に掲げる数字は、一九七三年から二〇〇〇年にかけて、キューバへの日本人移民がどれだけ人数を減らしているかを示している。(14)

一九七三年には男性百二十九人、女性四十五人の日本出身者がおり、次のように分布していた。

都市	計	男	女
シウダード・ハバナ	45	36	9
ハバナ	14	13	1
イスラ・デ・ピノス	25	19	6
ピナール・デル・リオ	17	14	3
マタンサス	2	2	0
ラス・ビジャス	15	10	5
カマグエイ	38	25	13
オリエンテ	18	10	8
総数	174	129	45

その後、一九八六年には、百七十四人いた日本人が七十三人に減少していた。うち四十四人が

男性で、二十九人が女性である。

都市	計	男	女
シウダード・ハバナ	23	14	9
ハバナ	4	4	0
イスラ・デ・ピノス	25	19	6
ピナール・デル・リオ	3	2	1
マタンサス	1	1	0
シエンフエゴス	3	2	1
サンクティ・スピリトゥス	6	3	3
シエゴ・デ・アビラ	11	5	6
カマグエイ	3	2	1
オリエンテ	7	4	3
総数	73	44	29

七十三という日本人の人数のうち、一九八六年現在で計十六人の男性と七人の女性が、当人の

申請により、キューバ国籍を取得していた。

最終的に、二〇〇〇年の終わりには[15]、キューバには日本生まれの移民は十人しか残っていなかった。うち、男性四人、女性は六人。その分布は以下のとおり。

	計	男	女
シウダード・ハバナ	5	3	2
イスラ・デ・ラ・フベントゥ	2	1	1
シエゴ・デ・アビラ	1	0	1
カマグエイ	1	0	1
オルギン	1	0	1
総数	10	4	6

日本人移民第一世代の名士たちは、日本国の最高権力機関より表彰を受けてきた。これは、彼らが移民社会およびキューバ・日本間の友情の発展に献身したという疑問の余地なき証明ともなるもので、日本人移民およびその子孫たちは満足を覚えている。

一九六五年にヒデイチ・カトウに、および一九八二年にゴロウ・ナイトウに、勲五等の勲章が日本の天皇より授与された。これは勲章とともに贈られた賞状に明記されており、日本国首相の署名もある。

天皇の決断により、一九七五年四月二十九日、モサク・ハラダに勲六等の旭日章が与えられた。同章は一九九四年四月二十九日にカンジ・ミヤサカも受章しているが、勲章に付随する賞状の文面で受章者が「キューバ人」であると書かれている点で異彩をはなっている。ミヤサカおよびその妻がキューバ国籍の取得を選択し、これを得ていたためである。キューバ革命の勝利の後のことであった。

近年では二〇〇〇年、サダメ・イワサキ（九十四歳、熊本県出身、オルギン市在住）に対して、日本の外務大臣より銀杯と賞状が授与された。これは、サダメがキューバにおいて、日本の慣習を粘り強く守り続けたこと、子や孫や隣人に日本の習俗と文化を教えてきたことによる。同様の理由から同じく銀杯が、ヨシエ・コサカ（九十歳、新潟県出身、シエゴ・デ・アビラ在住）およびキクエ・アダチ（九十五歳、福岡県出身、カマグエイ在住）に授与されている。

誰もが、厳格な敬意と素朴な人柄と家族の団結のもとに、勤勉に、忍耐づよく、規律正しく生きてきた。そのため、日本人の子孫たちの多くは、トシ・イトカズの娘たちの次のような体験を聞くと、自分のことのように感じるのではないだろうか。経済的に苦しいなか、実際に暮らしていく手立てのない時も、母は娘たちに、昔から伝わる日本の歌や物語や、日本に残してきた家族や友人のことや、学校や教師の思い出を聞かせたのだった。娘たちは聞きながら眠ってしまうのが常だったが、日本や、会ったことはないが両親が愛し尊敬している親族の人たちを恋うる気持ちが、心に残されていったのである。

キューバに暮らす日本人およびその子孫たちは、他の国からの移民とともに、過去も現在もキューバの国の一部であり、キューバの民族性とアイデンティティを豊かにするのに貢献してきている。また、現在のキューバが示している、非常に総合的で確固とした広範な文化に寄与しているのである。

（1）モーレ・ステファニイ・C「日系ラテンアメリカ人」。日系ペルー人の口承の歴史プロジェクト（ＰＨＯＰＪ）ペルー。

（2）殺虫剤の一種。粉状の薬剤。かつては農薬としても使用されていたが、現在は一部の国を除き、使用されていない。

（3）上掲書。

（4）The view from within. Japanese American Art from the Internment Camps, 1942-1945. Japanese American National Museum, UCLA Wight Art Gallery and UCLA Asian American Studies Center USA, 1992, p.51

（5）Japan Times Weekly. FOCUS. June 17,2000, The Associated Press, USA. （１９４４年、日系アメリカ人による戦闘部隊が、フランスの森のなかで失われたと思われていた、テキサス出身の２１１人の将兵を救出した。ドイツ人の包囲を破って彼らを救出するために、上記日系人部隊は８００人の死傷者を出した）。

（6）上掲書。

(7) フランシスコ・ミヤサカ談。２０００年４月、ハバナ。

(8) タキグチは、１８９１年1月31日、日本の南部の九州にある鹿児島市に生まれた。１９７６年5月10日、ハバナ内のコトーロにて逝去。妻のハル・ハギハラは１９５０年10月3日に死去している。

(9) 国際日系研究プロジェクト。初年度報告。１９９８年４月1日から1９９９年3月31日。アメリカ合衆国カリファルニア州ロサンゼルスの全米日系人博物館。

(10) 右掲書。

(11) フェルナンド・オルティス、『民族の欺瞞』１９４６年、ハバナ、ｐ４２８（注：本著作の第二版は社会科学出版から１９７５年、４４５ページで出版された）。

(12) ２０００年４月から9月のゴロウ・ナイトウへのインタビュー。ハバナ。

(13) キューバ法務省連合局。キューバ、ハバナ。

(14) 前出のゴロウ・ナイトウへのインタビュー。

(15) キューバで日本人に対応する「書士委員会」による人口調査。１９９８年４月2日および２０００年3月1日。ハバナ。

ＰＡＮＡ（パン・アメリカン日系協会）人口調査－日本人（１９９０年－２０００年）、アメリカ合衆国、カリフォルニア州ロサンゼルス・セクション、２０００年7月11日発表のｐ1では、各国の日本人およびその子孫の人口は次のとおり。

アルゼンチン	３６０００
ボリビア	２００００
ブラジル	１２８００００
カナダ	６５０００
チリ	３０００

コロンビア	10000
ドミニカ共和国	500
メキシコ	15000
パラグアイ	7000
ペルー	80000
アメリカ合衆国	874562
ウルグアイ	300

第十四章　マルティと日本　覚書

キューバ共和国の国民的英雄ホセ・マルティ[1]の全集には、日本について述べている箇所がおびただしくある。マルティの論じた他の多くの分野のものと同じく感銘を与える記述であり、正確に、詳細に、最大級の敬意をもって取り組まれている。

この感銘は、マルティが日本に行ったことがなかったと知れば、さらに大きくなるだろう。彼の膨大な量の文学作品やジャーナリズム作品のなかの他の国々についての言及でも、同様なことがいえるのだが。議論の余地なき文学の天才にして普遍的な政治思想のもち主が感傷を抑制することなく臨んだからこそ、日本に関する実にさまざまなテーマを書きえたのである。

マルティが日本について多くを書いたのは、『ラ・オピニオン・ナショナル』紙への寄稿家として滞在していたベネズエラにおいてであった。一八八一年には、日本の電信設備の発展について述べる一方で、仏教とキリスト教といった宗教的事項のような繊細な問題についても筆を進めていた。

マルティが日本の人々に対して抱いていた敬意をうかがい知るには、一八八二年に発表された文章をみるとよい。もち前の謙虚さと脇役に徹する気持ちによってマルティは、他者に実体験を打ち明けさせるという、文章作品にとって有効な技術に訴えることができたのであろう。最も彼の場合は、飽くなき読書と広範な教養の賜物かもしれないが。

二月四日付の『ラ・オピニオン・ナショナル』紙には、以下のように書かれている。

日本に到着したばかりの旅人は、日本人の細やかな心配りと礼儀正しさを誉めそやす。彼らの数多い社会習慣のほとんどが、ややこしくて面倒なものだとしても、彼らの上品さはそれに由来するものではなく、人に対する時の穏やかさ、返杯の素早さ、語り口の慎み深さ、外国人が日本についての奇天烈な思い込みを開陳するのを許容する親切心、外国人と話す時、その人の祖国についてはほのめかしでも不快なことをいわないようにする心配りといったものから来るのだそうだ。米国およびヨーロッパを幾度も旅している紳士に聞いた話だが、どんな旅においても、日本人以上に穏健で慎み深く上品な友人はみつかったためしがないという。また、こうした所見を伝えてくれた旅人がいうには、日本の十分な教養ある人物は、彼が知る限り最高に完璧なジェントルマンの手本であるそうだ。

九年後のアルゼンチンの新聞『ラ・ナシオン』の紙面に、日の出ずる国へのマルティの繊細で敬意に満ちた批評が再びみられる。一八九一年一月十一日付けのこの記事で彼は、日本人の花に寄せる愛情と嗜好について筆をふるっている。

1894年にメキシコで撮影された、ホセ・マルティの肖像。

花は魂である、と日本人の子爵はいう。だから、話しかけなければならないと。日本の家では花を生けている最中に大声を出す者はいない。このような繊細な心配りのために、礼儀正しい心と小さな手を、日本人はもっているのだ。こうして何百年にも渡って丹精に、すべての人々が入念に、誇りをもって育んできたからこそ、あの卓上の菊、慎ましいマーガレットの長子が、京都の豪華な黄色――それは高貴で手の込んだ威厳に満ちたものである――や、ぎざぎざのシャスタデージーの純白や、ふさふさのゴムの花の柔らかなバラ色や、冬を越えるユキノハイの輝きや、オシロイギクの燃える太陽の白光をもつに至ったのではないだろうか。

確実な手法を用いて、また自身の国際性によって、ホセ・マルティは自作に最上のものすべてを盛り込んだ。であるから、日本について書く時も、例外とはならなかった。あちらこちらで起こることのすべてを現前化することは、マルティの卓越した特徴のひとつであった。彼は決して世界に背を向けることがなく、それゆえ彼は、南北アメリカにおいて近代主義思想を提唱する主要な人物のひとりとして、最前列に立っていたのである。

彼は、友愛および子どもたちへの愛情の概念を普遍化しており、『黄金の時代』の次の一節にもそれが見受けられる。「それから日本も。中国と同じく、またそれ以上の気品と気配りがあり、子どもたちを大いに愛する老庭師たちがいる日本はどうだ」(2)。

さらに、彼の「素朴な詩」、すなわちキューバ人が最も愛読し、暗唱していると思われる詩のなかでも、日本に対するを称賛の思いが表明されている。第二節の六十四行目である。[3]

豹は褐色の乾いた山に
隠れ場所を持っている
私は豹より恵まれている
良き友を持っているから
眠れ、玩具の中で
日本の楓の枕の上で
ムシュマが眠るがごとくに。
「友にまさる枕はない」から。

（1）1853年生まれ。キューバの文学者、革命家。19世紀後半のキューバ独立革命を率いたが、1895年に戦死した。キューバ独立の父、英雄、キューバの使徒などと称される。
（2）ホセ・マルティ『全集』（ハバナ、社会科学出版、1975年）第18巻　p425
（3）上掲書、第16巻　p122

付録

書簡

国立農業技術研究所　日本
東京都北区西ケ原
1958年1月25日

キューバ　サンティアゴ・デ・ラスベガス
農業試験所
フリアン・アクーニャ・ガレ技師宛

アクーニャ博士殿
「オハ・ブランカ」の媒介虫を発見されたとのお知らせの手紙をいただきありがとうございました。ご成功を心から祝します。この重大な知らせが当研究所にとって、いかに嬉しくかつ励まされるものであるかは、ご想像いただけることと存じます。
実際、当研究所では、貴殿よりの書状および稲作安定化局よりお送りいただいている月報のおかげをもちまして、貴殿の研究の進展については十分に承知しております。常々、貴殿のご精進には感服しており、早晩実を結ばれるものと確信しておりました。しかしながら、今回の吉報には実のところ、驚嘆いたしました。

私はこの発見の重要性を十分理解しておりますし、貴国の若き技師や農業者の士気全般に効果を及ぼすものであると存じております。この度の成果は始まりにすぎず、今後何年もに渡ってますます偉大なる成果を挙げていかれるものと確信しております。

当研究所のために Oryza cubensis の種子を入手してくださいましたご尽力とご厚意に厚く御礼申し上げます。モリナガ博士も貴殿にたいへん感謝しております。現在、小包の到着を待っているところです。

私もムコウ博士も、貴殿に貴国をご案内いただいた楽しき日々を幾度も、懐かしく思い返しております。

時節がら、貴殿およびご家族のご健康をお祈りいたします。

敬具

トシタケ・イイダ（Fdo・）

出典：稲作安定化局　イネ関連一般事項情報　官報　ＮＯ・5　ハバナ、1958年2月28日

235　付録

フジタの伝説

「社会」14巻12号　1929年12月

アレホ・カルペンティエル「時評、芸術論評、文学」（1975年ハバナ）p156－160より。

アレホ・カルペンティエル

十七年前のこと、ある日本人のちょっとおかしな若者が、マルセーユの港に上陸した。キャスケット帽をかぶり、長いアルパカのコートをはおり、白いキャンバス地の靴をはいて……。最悪なのは、自分の身なりが立派だと信じ込んでいたこと。最初の一歩を踏み出す前に、不敵にも、船縁にもたれるその姿を写真におさめた。この肖像は今でも残っていて、後に新たな「税関吏」ルソー［画家アンリ・ルソーのあだ名］が日本人を描くお手本として役に立った。

マルセーユでかの旅人は、西洋文明の素晴らしさの手ほどきを受けた。サフランたっぷりのブイヤーベースを味わい、居留地域でキャスケット帽を盗まれたのだ。その後、パリ行きの三等切符を買った。

いい忘れていたが、このアルパカのフロックコートをはおった背の低い日本人は画家で、日本軍の将軍の甥。その他大勢と同じく、「巴里を征服する」ためにやって来た。その名はフジタ。

冬がふけていった。通りでは悪夢の木々が輪郭をあらわにしていた。湿気と灰色の雲。褐色の

藤田画伯とその妻。1931年、ハバナを訪れた折に。

通行人は、てかるアスファルトの上を、ゴムの靴でもはいた幽霊のようにすべっていく。時折、棺がとおり過ぎる。黒い顔と、黒い山高帽と、黒い傘と手袋に付き添われて、モンパルナスの墓地への道を。

「セ　リゴロ（こいつは滑稽だ）」将軍の甥は叫んだ。

そして、アトリエ代わりにしているガレージに戻り、葬列の絵を、日本風に、背景はパリ郊外にして描くのだった。彼の絵筆は光沢のある白と黒をもてあそぶ。最終的に葬列は、俳諧に変化する。図表化された俳諧として、完璧な仕上がりをみせるのだ。

日本の芸術で、俳諧の要素を多少なりとももたないものがあろうか。

日々はゆっくりと過ぎていった。フジタはキキを描いた。当時は若く、曲線美をもっていたモデルだ。レストラン「ロザリー」でワイン込みで三フラン五十セントの料金で食事した。ほとんど伝説となっている古きカフェ・ロトンドの主人リビオンはまだ存命だった……。モディリアーニは酔っ払い、ピカソはひさし帽で歩き、ディエゴ・リベラはあごの骨を折っていた。マックス・ジャコブはまだ、スモーキング（今では、本物のお姫様方の館の衣装になっているタキシード）を購入していなかった。

将軍の甥は、刻苦勉励、彫心鏤骨し、数多くの油絵や素描を描き上げた。風景や、運動する子ども、アジア風の猫、くねる繊維でつくられた裸体などを創作した。ほとんど売れず、売れても二束三文。しかしフジタは希望を失っていなかった。彼は自分の非凡さを知っていたし、日本人を守る神がいることも知っていたのである。

描き疲れると、床に寝転び絵筆の先で短い詩を書いた……。春の雪や、桜の花や、蛙や蝉や新月についてのものだった。あらゆる日本の詩がそうであるように。しかし彼の詩は新鮮で、天真爛漫としていて、この超文明化したパリで、不思議な魅力を獲得していた。狭い路地を闘牛のごとく突進するバスでいっぱいのこの街で。

将軍の甥の絵は、ある画商の興味を引くに至った。作品が展示され、激賞され、そこそこ良い値がついた。サロン・ドートンヌに出展された油絵は、パリのあまたの雑誌に大いなる賛美の言葉とともに掲載された。空想上の家庭にいる、ボーイ風の髪型をして、陶器の皿と糸巻きと素焼きの犬に囲まれた画家を描いたものだ。成功が訪れた……。誰かが、奇跡は実際に起こりつけているものなんだといった。

フジタは、ロルフ・マレー・スウェーデンバレー団が上演するロランド・マヌエル作の「一騎打ち」に優美な舞台背景を描いた。ノアレス伯爵夫人の肖像画を描いた。さらに多くの猫、糸巻き、鼻ぺちゃの犬のスケッチを描いた。千フラン札を複数枚、一度に所有することが可能なのだということをはじめて実感していた。青と赤の縞模様のセーターを山ほど買い込んだ。毎日十時間仕事をしたが、今ではゆでたトウモロコシと、日本風に生の魚に砂糖をかけて食べられることに満足しながらだった。

すでにフジタは車を幾台かもっていた。ドランやヴラマンクのように。学識ある批評特有の装飾過多で空虚な用語が、彼の絵を誉め称える数多くの論文のなかで踊っていた。彼はモンスーリに家を建てた。ドービル［フランス北西海岸の有名な避暑地］に行った。義務となっているシャンパンパーティやダンスパーティ、目玉が飛び出るほどの値段のレストランに姿をあらわした。

彼の輪郭は明確となった。西洋人としてはいくぶん風変わりだが、日本という国においては愉快な優美さを、その人物の上に育んだ。彼のセーターには、藍色のブレザーとモグラ色の格子柄のズボンがお供した。時には実に優美な燕尾服を着ることもあった。たいていは、左の耳に金の輪《リング》をつけていた。

フジタはもてはやされ、模倣された。美人コンテストで出場者の脚を触ってみるという役に招待された。流行りのビーチでは、彼が客としてやってくると自慢した。チャリティーパーティらしきものの開かれているミュージックホールはどれも、彼があらわれると活気づいた。ヴァン・ドンゲンは、カクテルコンテストを主催した後、公衆の前で、フジタとのコラボレーションで、即興で絵を描いてみせた。

しかし将軍の甥は、成功のもたらした贈り物に、いつまでも呆然自失してはいなかった。心の底では飽き飽きしていると告白した。かんかんに怒って数日間アトリエに閉じ込もりもした。夜には、数人の友人（まだ「到達」していない友人たち）に囲まれて、ミニシアターで、自分や妻や友人たちが出演する映画を上映した……。それから、ブランデーひと瓶とトウモロコシを前に、穏やかにおしゃべりをした。

成功とは、無名の人が想像しているほど多くの満足をもたらすものではない。あらゆる人間を落ち着かなくさせる心のなかの幻想は、ゴールに向かって走っている時には私たちをせっついたりしない。しかし、戦いの休止を告げるゴールラインを過ぎるやいなや、招かれざる客が私たちのもとにやってくる。いつか必ず、夜、寝床の足下に穏やかに座っている彼らをみつけることになる……。しかし、こうした経験が他人の役に立つことは、決してない。仏教徒であり、人類が聞いているであろう忍耐と分別の主要な教義を知っているにもかかわらず、数年前からパリには続々と日本人画家が舞い込んできている。フジタの成功は彼の同国人によってイナゴの大群となった。今日このごろは、日本からの船がマルセーユに錨を下ろすたびに、眼鏡をかけた日本人画家があらわれる。例外なく、アルパカのコートと白いキャンバス地の靴で着飾って。

フジタのアトリエは、家財道具の店と日本の農村を交ぜあわせたような奇抜なものだった。日本の情景を思い起こさせるのは、掘っ立て小屋の一種のようにしつらえられた台所で、アトリエの一角にそびえていた。そのなかでは、フジタのシェフが働いていた。この人物、イジュウ術［柔術？］の専門家にして料理人という珍しい取りあわせだった。ゴングがひとつと、さまざまな紙製の提灯と、小さな食器セットがエキゾチックな一週を完成させていた。

壁ぞいに、何百もの油絵が山積みされていた。テーブルは数センチの高さしかなかった。インク壺や絵筆や絵の具のチューブが、所かまわずあちこちにおかれていた。壁に、ベルタ・シンガーマン［ロシア生まれ、その後アルゼンチン国籍を得た女優・詩の朗読者］の写真が掛かっていた。

この飛び抜けて風変わりなアトリエに、ある朝、私とマッサゲール［著名な戯画家］は行きついた。二人の日本人アーティストと、トダという魚を描く画家［戸田海笛］が、背の高い腰掛の上でしゃがんでいた。ネズミを恐がっている子どもみたいな格好だった。

マッサゲールはフジタの戯画を描き、フジタはお返しに、日本のレスラーの顔をしたマッサゲールをノートの一ページに走り書きした。

「来年、キューバとメキシコに行くつもりなんです」とフジタは私たちに告げた。

フジタは今どこかというと、何週間か前から日本にいる。成功者としての帰国だった。伯父の将軍は、この有名な甥を岸壁まで出迎えた。十七年前、パリを征服しようと出立した時の青白い若造の変わりようときたら……！

フジタの他の伯父や親戚も、将軍とともに出迎えに来ていた……。その人たちのなかにはきっと、北斎の絵から引っ張り出してきたような、日本の年寄りがいたことだろう。背中に白いネズミが描かれた長くて黒い外套をはおった、皮肉屋でしわくちゃの老人らが。

参考文献

書籍・雑誌類

ÁLVAREZ ESTÉVEZ, ROLAND: *Azúcar e inmigración 1900-1940.* La Habana : Editorial de Ciencias Sociales, 1988.

CASTRO RUZ, FIDEL: Prólogo, 9 de noviembre 1977.

En: Takeuchi, Kenji, *Las Flores y la Revolución* = Hana to kaku-mei. — Japón: s.n., s. a. Censo de la República de Cuba. — La Habana, 1899-1943.

Nota: Se revisaron los censos correspondientes a los años 1899, 1907, 1919, 1931, 1943.

COLINA LA ROSA, JUAN: *Los Japoneses en Isla de Pinos.* — Isla de la Juventud: s.n., 2000.

Contiene: Introducción. Sec. Ⅰ. Llegada. Ⅱ. Campo de Internamiento. Ⅲ. Colonia Japonesa. Ⅳ. Revolución. Conclusiones.

CONRAT, MAISIE AND RICHARD: *Executive order 9066.*

The internment of 110,000 Japanese americans. — Los Angeles: University of California: Asian American Studies Center, 1992.

Cuba, Secretaria de Hacienda : *Inmigración y movimiento* de pasajeros. — La Habana: s.n., 1906-1931.

MICHI, WEGLYN: *Years of infamy. The untold story of* America's Concentration Camps. — New York: Morrow Quill Paperbacks, 1976.

MORIMOTO, AMELIA: *Población de origen japonés en el Perú. perfil actual.* Comisión Conmemorativa del 90 Aniversario de la Inmigración Japonesa al Perú — Lima: Centro Cultural Peruano- Japonés, 1991.

NUÑEZ JIMÉNEZ, ANTONIO: *El Archipiélago. Cuba: la naturaleza y el hombre.* — La Habana: Editorial Letras Cubanas, 1982. p.80.

Proyecto internacional de Investigación NIKKEI: *Informe del Primer Año, 1ro de abril de 1998 al 31 de marzo de 1999.* — EEUU: Japanese American National Museum, 1999.

SEIICHI, HIGASHIDE: *Adiós to tears. The memoirs of a japanese - peruvian internee in U.S. Concentration Camps.* — Seattle: University of Washington, 2000.

TAKEUCHI, KENJI: *Catálogo de las orquídeas de "Rancho Pilila",* Soroa, Provincia de Pinar del Río, no 1, Dendrobium. — Mayo 1958.

UEHARA, KAMEICHIRO: *Conjunto de cartas. Por viento caribeño.* — Okinawa: s. n., 1995.
The View from within. Japanese american art from the internment camps, 1942-1945. — EEUU: Japanese American National Museum: UCLA Wight Art Gallery: UCLA Asian American Studies Center, 1992.

新聞類

CAMACHO, LEDYS:«Japoneses de un siglo»/ Ledys Camacho y Manuel González Bello. *Juventud Rebelde*（Cuba）6 septiembre 1998.
CÓRDOVA ARMENTEROS, PEDRO LUIS: «Aportes culturales de inmigrantes japoneses en la pesca del bonito»（1）. *Mar y Pesca.* Revista del hombre de mar（Cuba）（263）:18-21. 1987.
———— «Aportes culturales de inmigrantes japoneses en la pesca del bonito»（2）. *Mar y Pesca.* Revista del hombre de mar（Cuba）（264）:23-26. 1987.
«Del país del sol naciente a las tierras rojas de Abréus». *5 de Septiembre*（*CUBA*）*14 julio 1985. El Mercurio.* — mayo 8, 1954. — Chile: Valparaíso. Diario
«Fallen hero of japanese descent honored». *Japan Times Weekly*（Japan）. June 17 th, 2000.
GUZMÁN CASTRO, PASTOR: «Amor desde el sol nacien-te». *Escambray*（Cuba）29 julio 2000.
Isle of Pines Post / Published for the People of the Isle of Pines, under the auspices of Isle of Pines Post No.1 of the American Legion. — May 1, 1930. — Isle of Pines.
JORGE CARDOSO, ONELIO: «El Milagro de Samuro Oyi». Carteles（Cuba）.1995.
Nota: El trabajo fue reimpreso en Gente de Pueblo. Las Villas. Biblioteca de Investigaciones Folklóricas, 1962.
Juventud Rebelde / ed. Unión de Jóvenes Comunistas de Cuba. — septiembre 9, 1998. — Cuba. Diario
LÓPEZ SENRA, RAFAEL: «Hasekura». *Opus Habana*（Cuba）2（3）: 64-47.1998.
Musa, ARNALDO: «¡No más hibakushas!». *Granma*
（Cuba）5 agosto 2000.
RÍOS, JORGE: «Japoneses en Batabanó». *Juventud Rebelde*（Cuba）25 abril 1985.
RODRÍGUEZ MOLINA, DIEGO: «De llejano Oriente a los Canarreos». *Granma*（Cuba）19 septiembre 1996.
ROJAS, MARTA: «Fujishiro». *Granma*（Cuba）16 noviembre 1990.

———:«Los Fujishiro de Japón descubren a su familia». *Granma*（Cuba）5 septiembre 1998.
SARUSKY, JAIME: «La Comunidad japonesa en Isla de Pinos». *Bohemia*. 15 marzo 1974.
———:«Un viaje. sin regreso». *Revolución y Cultura*（Cuba）（5）. 1993.
SEXTO, LUIS: «¿Cuál fue el destino de Santiago Oyé? », *Bohemia*（Cuba）. 14 junio 1991.
TRUJILLO DE LA PAZ, IDANIA: «Historia S», *Bohemia*（Cuba）. 2 julio 1999.

インタビュー協力者

キューバの日本人移民一世

・イワサキ　サダメ
・カガワ　タケシゲ
・コサカ　ヨシエ
・マナベ　ナオ
・ナイトウ　ゴロウ
・サカタ　エンジュ

日本人移民第二世代

・アラカワ　キヨミ・R
・アラカワ　サダミ・サイーダ
・アヤタ　ペドロ・パブロ
・チクイ　サチコ・ビルヒニア
・エノモト　リタ・トミ
・ハラダ　ヘノベバ・ミエコ
・ホンマ　ナカムラ・ホセ
・ホンマ　ナカムラ・トマス
・イハ・イハ　マヌエル

・イトカズ　ソチ
・イワサキ・サカタ　キヨシ・フリオ　－サダメの子息
・マナベ　シゲコ・エレナ
・ミヤサカ　フランシスコ
・モリ－ハギワラ（一族）
・オオエ・ゴメス　マキシマ・オルガ
・タチカワ　セシリア
・タンバラ　ヒロト・フランシスコ
・ウエハラ　カリダード
・ウラツカ　ソテロ
・ヨシダ　エスペランサ

その他
・コルタサル　オクタビオ：キューバ作家・画家連合会（ＵＮＥＡＣ）副会長
・チリノ　ラミロ：キューバオリンピック委員会、空手道および武道関連キューバ連盟（ＦＣＫＡＭＡ）会長
・フローレス・ペレス　アベラルド：柔道二段　キューバ柔道史家
・フローレス・ペレス　フェルナンド：柔道六段　キューバ柔道史家
・ゴンサレス・クラロ　セグンド：ケンジ・タケウチの親族
・ゴンサレス・レジェス　ルイス・ウバルド：キューバ漁船団団長
・グスマン・ゴメス　エルネスト：柔道・空手道歴史委員会幹事
・ラゴ・ネリー　コンセプシオン：日本植物生理学者ケンジ・タケウチの秘書
・レアル・ウガルテ　カルロス：キューバ柔道連盟の指導監督、ＩＮＤＥＲ
・マルティン・サンチェス　エディ：スポーツ・ナレーターの最古参。ジャーナリスト
・マウリ　コラリア：タケシゲ・カガワの妻
・ムニス・グティエレス　オナネイ：植物学者。キューバ科学アカデミー植物研究所の元所長
・オルテガ・イルスタ　ヘスス：ハバナ・ギターコンクールおよびフェスティバル組織委員会副会長

・ペレス・コルデロ　ホセ：日本植物生理学者ケンジ・タケウチの助手
・リソ　アグスティン：キューバ空手道の創始者　四段
・リソ　ラウル：六段（指導師）　キューバ空手道常心門少林流、キューバ連盟会長

機関情報提供源

・ホセ・マルティ国立図書館　副館長：テレシータ・モラレス　キューバ室　オブドゥリア・カスティージョ
・ＩＣＲＴ情報センター　主席専門員：オブドゥリア・サントベニア
・ピナール・デル・リオ地理鉱業事業団：マリア・アントニア・アマルフィ技師（マタアンブレ鉱山における日本人の参画、およびその技術的側面について）２０００年8月
・キューバ書籍協会：副会長ホルヘ・ティモシー（出版分野での日本との関連について）２０００年8月
・農業省稲作調査研究所：ミゲル・アンヘル・ソコーロ・ケサダ博士　主席専門員
・国立植物園：同園にある日本庭園についての情報
・農業省稲作局：ヘクトール・エンリケス技官　２０００年7月
・司法省：連合局
・外務省：デニア・バダ・ゴンサレス博士
・労働社会保障省：社会保障局
・内務省：個人登録局

参考書類

キューバ共和国ハバナ　行政府　国務省　法律３２号（１９４１年12月9日）　１９４１年12月9日付け官報
キューバ共和国ハバナ　政令３３４３号　１９４１年12月12日付け官報号外
キューバ共和国ハバナ　条令１９７３号（１９５５年1月25日）　１９５５年1月27日付け官報
キューバ共和国ハバナ　条令２０７１号（１９５５年1月27日）　１９５５年2月7日付け官報
キューバ共和国ハバナ　条令３０１４号（１９５５年7月28日）　１９５５年8月3日付け官報
キューバ共和国ハバナ　大統領令１０８４号（１９５６年3月21日）　１９５６年5月8日付け官報
キューバ共和国ハバナ　大統領令２７２３号（１９５７年9月24日）　１９５７年10月14日付け官報

キューバ共和国ハバナ　大統領令３０７６号（１９５７年10月8日）　１９５７年11月11日付け官報
キューバ共和国ハバナ　合意令３８号（１９５８年7月8日）　１９５８年7月21日付け官報
キューバ共和国ハバナ　政令２５１８号（１９５８年7月31日）　１９５８年8月１日付け官報

未発表書類

・ホンマトマス：イスラ・デ・ピノス収容所収監時の日記（１９４３－１９４５）
・コハグラ　マサアキ：「カミロ」キューバ空手道創設時の記録　１９９４年の証言
・キューバ柔道・柔道協会について。書簡、議事録、プログラム

視聴覚資料

Documental «Japoneses». Dir. Idelfonso Ramos. Cuba, ICAIC, 1981. 10 min.
Documental «Rabbit in the Moon». Dir Emiko. Omori. USA, Wari - Sabi Productions, 1999.

翻訳にあたって

『峠の文化史―キューバの日本人』（倉部きよたか、ＰＭＣ出版）を参考にさせていただきました。

再編集にあたって

『花の革命―キューバ革命を生きた日本人園芸家の手記』（竹内憲治、学苑社、第２版）
『日本叙勲者名鑑』（日本叙勲者協会）

略史

年	略史
1898年	米西戦争
1902年	独立
1959年	フィデル・カストロ政権成立（キューバ革命）
1961年	米国と外交関係断絶、ピッグス湾事件
1962年	キューバ危機
	米州機構（OAS）が対キューバ制裁決議（除名）
1965年	キューバ共産党結成
1975年	第1回共産党大会、アンゴラ派兵本格化
1976年	新憲法制定、人民権力全国議会発足、カストロ国家評議会議長就任
1979年	非同盟運動諸国首脳会議開催（ハバナ）
1980年	マリエル事件（12万5千人のキューバ難民発生）
1991年	アンゴラ撤兵完了
1992年	憲法改正、米トリチェリ法成立
1994年	米・キューバ移民協議
1996年	米民間機（反カストロ亡命キューバ人団体）撃墜事件
	米ヘルムズ・バートン法成立
1998年	ローマ法王キューバ訪問

1999年　第9回イベロアメリカ・サミット開催（ハバナ）
　　　　エリアン少年事件
2000年　第1回南サミット（G77諸国）開催（ハバナ）
2001年　米国からの食糧購入開始
2002年　カーター米元大統領キューバ訪問
2006年　フィデル・カストロ議長がラウル・カストロ国家評議会第一副議長に権限を暫定委譲
　　　　非同盟運動諸国首脳会議開催（ハバナ）
2008年　フィデル・カストロ議長が国家評議会議長職を辞す意向を表明
　　　　ラウル・カストロ国家評議会議長就任
2009年　オバマ米政権による対キューバ制裁緩和
2011年　第6回共産党大会、フィデル・カストロ元議長が共産党第一書記退任、ラウル・カストロ議長が同第一書記就任
2012年　ローマ法王キューバ訪問
2014年　ラテンアメリカ・カリブ諸国共同体（CELAC）首脳会合開催（ハバナ）
　　　　米国との外交関係再構築に向けた議論開始を発表
2015年　米国・キューバ首脳会談（パナマ、米州首脳会合）
　　　　米国との外交関係再開、相互に大使館を設置
　　　　ローマ法王キューバ訪問
2016年　オバマ米大統領キューバ訪問
　　　　フィデル・カストロ元国家評議会議長逝去
2018年　ディアスカネル国家評議会議長就任

出典：外務省ホームページ

ヘイキチ・モリ・タキグチ　森平吉
…………39、43、59、214、227
ヘイジ・ホンマ　本間平治
…………51、156、187、195、205
ヘラルド・マチャド政権
…………182
ホウシュウ・イケダ　池田奉秀
…………152、153、154、157
ホセ・ホンマ・ナカムラ
…………142、143、144、156
ホセ・マルティ
…168、169、179、180、182、204、230、231、232、233
ま マサアキ・コハグラ　小波蔵政昭
…139、149、150、151、152、153、155
マサエ・ウラツカ（カク）　浦塚マサエ
…………123、124、126、193
マサジロウ・キタザキ　北崎政次郎
…………130、140
マサユキ・タカハマ　高浜正之
…………147、148
マサル・コウノ　河野賢
…………163、164
ミコノスケ・カワイシ　川石酒之助
…………145、156
ミツヨ・マエダ（コンデ・コマ）前田光世
…………144、145、156
南方熊楠
…………19、20
モサク・ハラダ　原田茂作
…51、53、55、60、65、77、83、86、87、90、91、92、135、192、225
モデロ監獄
… 14、182、185、186、191、192、196、211
モトキチ・ヤマナシ　山梨元吉
…………86、92
や ヤスオ・ナガセ　長瀬泰雄
…………23、220
ヤスジ・オオハギ　大萩康司
…………164
ユウジ・チクイ　築井勇次
…………74、212、213
ユウゾウ・カモ　加茂雄三
…………179
ユリコ・クロヌマ　黒沼ユリ子
…………167
ヨシクニ・アラキ　荒木芳邦
…………162
ら ラウル・リソ
…150、152、153、154、156、157
ラモン・グラウ・サン・マルティン政権
…………76
リイチ・サカキバラ　榊原利一
…………147、217
ルイサ・デ・ヘスス・ロペス・ペレス
…………13、203
レオ・ブローウェル
…………163、164
わ ワタル・カガワ　香川渉
…………84

ソンコ・マージュ
……………………………162
た ダイサク・イケダ　池田大作
……………………168、169
タカト・ヨシダ　吉田高登
…28、33、56、65、77、194、204、205
タキゾウ・ウラツカ　浦塚滝蔵
…… 122、123、124、125、126、127
タケオ・クボ　久保武夫
………………………53、218
タケシゲ・カガワ　香川武茂
……………………26、27、53
タダオ・クボタ　窪田忠雄
……………………………188
ツグハル・フジタ　藤田嗣治
… 160、162、236、237、238、239、240、241、242、243
デンスケ・イハ　伊波伝介
………………………71、72
トオル・ミヨシ　三好徹
……………………………168
トシ・イトカズ　糸数稔
……………………215、225
トシタケ・イイダ　飯田俊武
…… 118、119、120、121、126、235
トマス・ホンマ・ナカムラ
…………190、195、202、204
トミイチロウ・オガワ　小川富一郎
………………………69、70
トメハチ・(カボ・) コバヤシ　小林留八
………………………57、85
な 日加紳士協約
……………………………40
日米紳士協約
……………………………40
は ハセクラ・ツネナガ　支倉常長
……………………… 18、19
パブロ・オスナ
……………………… 20、21
ヒデイチ・カトウ　加藤英一
… 58、61、188、200、218、220、224
ヒデオ・ムコウ　向秀夫
……… 118、119、120、126、235
ヒロカズ・カナザワ　金沢弘和
……………………… 154
ヒロシ・ミツヅカ　三塚博
…………………………167
ヒロト・タンバラ　丹原洋人
…………………………72
ヒロム・オカモト　岡本弘
…………………………120
フィデル・カストロ・ルス
…… 104、106、168、171、175、177
フェルナンド・オルティス
………… 16、80、170、216、227
フランシスコ・アラカワ
…………………………42
フランシスコ・ミヤサカ
… 11、12、100、101、135、136、140、211、213、220、227
フリアン・アクーニャ・ガレ
… 94、99、100、118、119、120、121、126、234
フルヘンシオ・バチスタ
……………………175、184
ヘイ・ケサダ条約
……………… 80、81、84

ゴヘイ・アラカワ　荒川伍平
……72
ゴロウ・エノモト
……167、175、176
ゴロウ・ナイトウ　内藤五郎
…10、12、13、19、20、23、43、53、68、69、84、109、139、144、190、197、202、203、204、219、220、224、227
コンラッド・W・マッサゲール
……160、242
さ
サクヤ・ホンマ（ナカムラ）　本間サクヤ
……156、187、204
サダオ・キヨセ　清瀬貞雄
……29、30、32
サダジ・ベップ　別府貞治
……83
サダメ・イワサキ（サカタ）　岩崎サダメ
……24、25、225
砂糖ブーム
……40、66
サトシ・エノモト　榎本惺
……70、71、189
サブロウ・サンティアゴ・オオエ　大江三郎
… 107、108、109、110、111、112、113、114、115
サブロウ・ミヤサキ　宮崎三郎
……130、131、132
シゲトシ・セナハ　瀬名波重敏
……153、155、157
シゲトシ・モリタ　森田茂稔
……145、156
ジャパン・ウィーク
……169
ジュンコ・コシノ　小篠順子
……166
ショウイチ・ヨシダ　吉田昌一
……122
ショウコウ・サトウ　佐藤尚弘
……154
ショウヘイ・イワサキ　岩崎庄平
……24、25
ジロウ・ハマダ　浜田滋郎
……164
シンイチ・フクダ　福田進一
……164、165
ジンイチ・イワト　岩戸迅一
……188
シンゾウ・ナカノ　中野新蔵
……72
シンペイ・シマザキ　島崎新平
……72
スゲグマ・マツナガ　松永末熊
……73、78
ススム・イトウ　伊東進
……39
スミオ・エンドウ　遠藤純男
……148
セイキ・コバヤシ
……151、152
セリア・サンチェス・マンドゥレイ
……98、99、100、103、112
ゼンゾウ・キタザキ　北崎善三
……130、132、140
ゼンタロウ・イグチ　井口善太郎
……94
センマツ・ツハコ　津波古千松
……83

■さくいん ここでは、日系人の方のお名前は主に漢字表記のある方を掲載しています。

あ
アキラ・クロサワ　黒澤明 …166
アツマサ・ナカバヤシ　中林淳真 …162
アレホ・カルペンティエル …160、236
アントニオ・ヌニェス・ヒメネス …77、92、99
アンドレス・コリシュキン・トマソン …145、147、148
エスペランサ・ヨシダ …28、33
エミリオ・ロイグ・デ・レウツセンリング …80
エル・チコ・バルボン …143
エルネスト・チェ・ゲバラ …168、176、177、212
オネリオ・ホルヘ・カルドーソ …108、109、111、114

か
カイチ・スギモト　杉本嘉一 …68、217
カツオ・ミヤギ　宮城勝 …82、92
カミロ・シエンフエゴス …149、175
カメジロウ・ウエハラ　上原亀次郎 …57、60、133
カンジ・ミヤサカ　宮坂寛司 …53、100、103、155、201、213、220、225
カンジロウ・マツモト　松本勘次郎 …73
キイチ・オガワ　小川喜一 …71、188
キクエ・アダチ　安達キクエ …225
キューバ革命 …98、112、134、174、175、204
キヨタカ・クラベ　倉部きよたか …20
キンジ・タチカワ（キコ）　立川金治 …55、56、134、176、180、194
クニイチ・ワタナベ　渡辺国一 …130、131、140
クリストバル・コロン …80
ケイタロウ・オオヒラ　大平慶太郎 …22、69、74
ケサノ・ハラダ（ナカシマ）　ケサノ原田 …83、86、87、88、89、192、193
ケンイチ・フジシロ　藤代健一 …29、30
ケンジ・タケウチ　竹内憲治 …39、94、95、96、97、98、99、100、101、102、103、104、105、106、112
ゲンゾウ・イワタ　岩田源三 …154
ゴイチ・カガワ　香川吾一 …26
コウキチ・シミズ　清水幸吉 …160、161、170
コウジロウ・アヤタ　綾田幸次郎 …29、31
コウタロウ・ミヤシタ　宮下幸太郎 …21、22

《著者紹介》（共著）

ロランド・アルバレス（1939年、ハバナ生まれ）
外交法学士　科学博士　キューバ科学アカデミー副学長をはじめ、数々の要職に就く。著書多数。主な著作に「砂糖と移民（1900-1940）」「アメリカのキューバ人移民（1868-1878）」がある。国外の学術センターにて講演多数。

マルタ・グスマン（1942年、ハバナ生まれ）
法学学士　国際関係学博士　外交官としての長いキャリアを持つ。1991年から1995年までオランダ大使。同国にて、『オランダとキューバ、さらなる知識のための覚書』『オランダについて、年代記』を出版。国外の多くの機関で講演を行なっている。

《訳者紹介》

西崎素子
農学系の大学を卒業後、日本、中米にてスペイン語を習得。1996年からスペイン語の翻訳・教育指導に携わる。筆名にて中米滞在記の著書がある。

企画・編集・デザイン・制作／エヌ・アンド・エス企画

写真／©MBFoto - Fotolia.com, ©jean-henri bertrand - Fotolia.com, ©Artem Nagornyi | Dreamstime.com

キューバと日本《にほん》
―知《し》られざる日系人《にっけいじん》の足跡《そくせき》―

二〇一八年九月一〇日　第一刷発行

著　者　ロランド・アルバレス
　　　　マルタ・グスマン
訳　者　西崎素子
発行者　竹内淳夫
印　刷　モリモト印刷株式会社
製　本　株式会社難波製本
発行所　株式会社彩流社
〒一〇二―〇〇七一
東京都千代田区富士見二―二―二
電話　〇三―三二三四―五九三一
FAX　〇三―三二三四―五九三二

ISBN978-4-7791-2522-5　NDC255

Printed in Japan

彩流社ホームページ　http://www.sairyusha.co.jp　E-mail　sairyusha@sairyusha.co.jp